Trois Mois chez les Kroumirs

ET

OCCUPATION DU NORD DE LA RÉGENCE

PAR

Valentin BARDOU

Membre et Lauréat de la Société littéraire l'*Arbouse*

SAINT-GIRONS

IMPRIMERIE TYPOGRAPHIQUE A. RIVES

—

1888

Trois Mois chez les Kroumirs

ET

OCCUPATION DU NORD DE LA RÉGENCE

PAR

Valentin BARDOU

Membre et Lauréat de la Société littéraire l'*Arbouse*.

SAINT-GIRONS

IMPRIMERIE TYPOGRAPHIQUE A. RIVES

1888

AVANT-PROPOS

Les quelques lignes qu'on va lire pourraient se dispenser de prologue : elles sont le résumé exact des impressions reçues au jour le jour, des fatigues et des épreuves multiples endurées par un modeste combattant de la Campagne des kroumirs et de Tunisie.

Je m'estimerai heureux si, par cette simple esquisse, publiée par le journal l'*Avenir*, 1883-1884, je puis apporter un faible tribut à l'œuvre de la colonisation encore très imparfaite et à la pacification prochaine de notre grande et belle colonie.

V. B.

TROIS MOIS
Chez les Kroumirs

Age quod agis...

C'était dans la matinée du 11 avril 1881 que le 3ᵉ bataillon du 57ᵉ de ligne quittait la vieille caserne Cursol, non loin du Cours des Fossés, sur l'ordre qu'il venait de recevoir de se rendre en Afrique.

Le 4ᵉ bataillon, caserné au quartier de l'Alsace, nous avait précédés d'un jour, et ce n'était certes pas sans regret, il faut le dire, que nous disions adieu à la bienveillante garnison de Bordeaux.

Au reste, ce n'est ni d'aujourd'hui ni d'hier que le fameux 57ᵉ, surnommé le *Terrible,* jouit de l'estime et de la sympathie générale de la population bordelaise ; à maintes reprises déjà, et pour se conformer aux usages établis dans l'armée, le colonel avait demandé un changement de garnison. Les habitants et l'administration elle-même s'y étaient toujours formellement opposés.

Mais les colons algériens réclamaient notre concours, et l'ordre communiqué seulement à la Place le samedi soir, le 4ᵉ bataillon partait le dimanche, tandis que nous mettions sac au dos le lundi à quatre heures du matin. La musique du régiment nous attendait à la gare Saint-Jean et c'est au milieu de son état-major, dans des termes à la fois fermes et pathétiques, que notre cher général Dumont nous fit ses adieux par de patriotiques encouragements. Le colonel Bérenger, qui avait demandé à partir pour l'Afrique, le remercia chaleureusement et se contenta de lui présenter le drapeau du 57ᵉ, qui venait de recevoir la plus haute des distinctions honorifiques à la dernière revue générale : la croix d'honneur.

Nous devions nous rendre à Toulon, où nous arrivâmes dans la nuit du lendemain vers neuf heures ; la nuit fut passée dans un des forts qui dominent la Méditerranée, où une gentille toulousaine nous offrit un excellent petit vin blanc. On devait embarquer au petit jour et je vous laisse à penser si l'on songea à dormir quoique l'on fût passablement fatigué, toute la fourniture de literie consistant en quelques gerbes de paille que l'on ne se donna pas même la peine d'utiliser.

Plusieurs de nos camarades, qui voyaient Toulon pour la première fois, ne s'en tinrent pas aux convenances et, au mépris de la consigne, poussèrent une reconnaissance en ville ; les plus prévoyants rentrèrent avant le réveil, mais bon nombre d'autres ne furent pas aussi sobres et essuyèrent dans la cale du *transport* qui nous attendait, le surcroît des licences qu'ils s'étaient imprudemment octroyées.

Nous étions au 13 avril et les premiers feux de l'aurore ne nous avaient pas encore permis de reconnaître notre gîte improvisé, que le clairon de garde nous annonçait le départ de la forteresse ; avant quatre heures, les compagnies étaient rangées dans la cour de la Citadelle et l'on prenait la direction du Port de Toulon, *si cher à nos voisins d'outre-Manche.*

Il y avait nécessairement des manquants, et leur attente fut la cause de quelques heures de retard ; un grand et beau transport de l'Etat, l'*Intrépide* était en rade et prêt à nous ouvrir ses cabines. L'embarquement fut une véritable prise d'armes et l'ascension sur le navire un assaut des plus accentués…..

Il était huit heures du matin et l'on s'attendait à voir lever l'ancre d'un moment à l'autre. Quel ne fut pas notre étonnement, lorsque l'équipage nous apprit que l'on ne devait prendre mer que le lendemain. Nous revîmmes bien vite de notre première surprise en voyant qu'en dehors des chevaux des officiers, de la cavalerie et des mulets du train, on avait encore à hisser les pièces, les munitions et tout le matériel de l'artillerie, sans compter 3 ou 4 mille caisses de cartouches d'infanterie.

Le chargement des bêtes fut une amusante récréation pour nous : se trouvant saisis d'une façon aussi brusque qu'imprévue, ces pauvres animaux ne gardaient plus de contenance et s'attendaient, pour le moins, à se voir élever jusqu'aux nues. Cette journée de répit qui nous était accordée pour ainsi dire à l'improviste, permit aux plus indisposés de se procurer une confortable sieste, à ceux qui n'avaient pu annoncer leur départ, de consoler leurs parents et de rassurer leurs amis.

Le courrier devant rester en France, il fut fait dans la journée un dépouillement formidable ; les marins se livraient avec un infatigable labeur aux préparatifs de départ et cela nous paraissait réellement étrange, à nous qui assistions pour la première fois à des manœuvres navales.

Huit heures venaient de sonner au tocsin de l'équipage, quand l'*Intrépide* fit pousser les premiers hurlements à son énorme machine ; ces avertissements, véritables coups de tonnerre, avaient été si fréquents dans la matinée que beaucoup d'entre nous croyaient être encore en rade de Toulon quand nous en étions déjà à plusieurs coudées.

J'en appelle ici au témoignage de ceux qui ont vu s'éloigner d'eux les belles côtes de France, des émotions que cette séparation provoque ! C'est le moment où se réveillent dans nos cœurs les tendres fibres qui nous attachent au pays natal, et où l'on sent le plus combien nous est chère cette seconde mère qu'on appelle la patrie. Nous étions en plein golfe du *Lion* que beaucoup de nos camarades, se réveillant de leur longue sieste, furent tout surpris, sinon indignés, qu'on se fût séparé de France à leur insu.

Chargé de munitions comme il l'était, et d'un personnel qui s'élevait à près de 5,000 hommes, notre immense trois-ponts ne produisait presque pas de tangage, et il fallait avoir le pied marin pour deviner que l'*Intrépide* prenait la direction de l'Afrique. Les plus incrédules se décidèrent alors seulement à monter sur le pont et ne purent distinguer que dans un horizon déjà lointain, la charmante silhouette du joli port que nous venions de quitter. Ce rivage qui semblait d'abord ne plus devoir disparaître à nos yeux, se rélégua dans un cadre de plus en plus restreint pour ne former bientôt qu'une côte uniforme et continue ; la vapeur nous entraînant avec un acharnement imperturbable, on avait beau se hisser sur les mâts et sur les cordages, la ville était absorbée par la côte et la côte elle-même disparut derrière un nuage flottant et presque imperceptible au milieu de l'immense nappe d'eau qui nous entourait.

On ne voyait plus cette belle terre de France à laquelle tant de liens si chers nous attachaient, mais quoique dominés par l'émotion, nos cœurs n'en demeuraient pas moins résolus. Nous savions que nous allions au secours de nos frères en danger et relever en Afrique le prestige national souillé par l'invasion indigène.

Très calme au moment de notre départ, la mer devint un peu houleuse dans la nuit du 15 et finit par ébranler la faible résistance de ceux qui n'avaient pas encore payé leur tribut à Neptune ; le roulis s'accentua par degrés jusqu'à la matinée du 16 et bien rares furent ceux de nos hommes qui purent résister aux violentes secousses éprouvées dans la nuit.

Il faut avoir voyagé sur mer aux frais de l'Etat et sous le pantalon rouge, pour se faire une idée du traitement qui est fait au pauvre troupier dans le cours d'une traversée....

Laissez-moi d'abord vous dire que défense nous avait été formellement notifiée de dérouler nos sacs ; et quelque spacieux que fût notre transport, bien difficile me serait de déterminer les conditions de couchage qui nous étaient offertes. Je m'estimai fort heureux pour ma part de me mettre à l'abri des rafales en établissant mon hamac sur de grosses pièces de fer, placées dans la cale, servant à lester le navire et qu'à bord on désigne sous le nom de *gueuses (sic)*.

Nous avions trois distributions par jour en comptant celle de café, le matin.... Ah! pour le coup, il pouvait se dire sucré, celui-là, car c'était un véritable sirop. Mais quant à la qualité du sucre, je ne saurais trop la préciser; je doute fort qu'il eût jamais été importé en France et que les célèbres raffineries Nantaises l'eussent revendiqué au nombre de leurs produits.

C'était une mélasse jaunâtre, dernier déchet des sucreries de Marseille et dont la saveur repoussante mettait le comble à nos estomacs en désordre. Un grand nombre, malades du moment où l'hélice de l'*Intrépide* avait commencé à fonctionner, figuraient à l'heure de la soupe et croyaient trouver un confortable dans le quart de vin qui était accordé par homme aux deux distributions de midi et du soir. Ils avaient trop compté sur leurs forces les pauvres diables, et loin de les fortifier, ce nouvel à-compte leur faisait perdre leur dernière contenance.

Je ne fus heureusement pas des plus attaqués et cette circonstance fortuite me permit de me rendre compte du menu du jour. L'ordinaire (le mot ne pouvait être pour lors mieux approprié), nous était délivré par dix dans les baquets en bois à anse métallique, que n'auraient pas désavoués les moins exigeants des disciples *de feu Saint-Antoine*.

Pour le coup, ce n'était certes pas la sauce qui manquait. Mais comment donc pêcher, nous qui nous trouvions justement dépourvus des plus indispensables ustensiles culinaires,

Dans ce vase au col court et de large embouchure!

Quelques cueillerées de riz, de grassouillette, lentilles, ou encore quelques douzaines de haricots mal cuits, représentaient le contenu du vénérable récipient. Mieux favorisés du Majardome, la boucherie nous offrait à 2 ou 3 reprises une spécialité de bœuf, dont le sexe était fort discutable : heureusement que plusieurs d'entre nous *avaient besoin de sous-pieds pour leurs guêtres*. Le vin seul fut irréprochable et, au reste, il ne saurait guère en être autrement sur mer. Quant au pain, il était touché à raison d'une livre par repas, et de ma vie, même au milieu des forêts Kroumires, je ne me rappelle en avoir mangé d'aussi mauvais et d'aussi détestable.

Nous étions à nous demander s'il n'était point entré dans sa fabrication des graines ou des haricots torréfiés ; d'une cuisson imparfaite, un goût prononcé de moisi-brûlé en rendait la déglutition quasi impossible à ceux des moins invalides de nos camarades. Il n'eût certes pas été rebuté au siège de Paris ou de Metz, mais j'avoue pour mon compte qu'il fallait ne plus rien avoir sur la planche, pas même du biscuit, pour s'attaquer à ce rebutant produit de notre manutention maritime.

La mer redevint calme dans la matinée du 16 et les doux rayons du soleil levant vinrent rendre un peu de leurs forces aux plus défaillants et ranimer le moral de l'équipage. Quel ravissant spectacle en effet pour ceux d'entre nous qui en étions à notre première traversée, qu'un lever de soleil sur mer ! S'empourprant de lueurs diaphanes, l'Orient annonce bien avant son apparition, le lever de l'astre. L'horizon s'enflamme par degrés jusqu'au moment où, dans un cercle de feu, l'éblouissant flambeau vient transformer la vaste surface des eaux en un tapis aux mille couleurs incandescentes.

Partis de Toulon depuis déjà deux jours, nous ne connaissions pas encore le point de la côte algérienne où nous devions stopper. Telle est la rigidité du métier des armes !

Le même phénomène, qui s'était produit à nos regards lors de notre éloignement des plages de Provence, se reproduisit à l'approche des rives africaines. Des nuages que l'on ne découvrait encore qu'avec peine dans le lointain, nous firent pressentir l'entrée prochaine dans le continent des Califes et des Marabouts. Notre anxiété ne faisait que s'accroître ; aucun de nous ne savait sur quel point nous dirigeait notre pilote. Les uns parlaient de *la Calle*, d'autres de *Bizerte*, les mieux informés prétendaient que nous devions débarquer à *Alger*. Tous ces racontars et les parages sinistres que nous longions depuis quelques heures, n'étaient pas faits pour nous rendre plus gais.

Inaugurée par un magnifique lever de soleil, la journée du 16 devint morose et sombre vers le soir; un brouillard traînant et impénétrable voilait complètement la côte à quelques mètres au-dessus de la mer et nous n'avions sur notre droite qu'un morne littoral, baies, anses, caps dépourvus de toute végétation et d'un aspect des moins hospitaliers. Ces divers symptômes ne rendaient pas notre approche plus attrayante et allions-nous regretter le pont de l'*Intrépide* et notre traversée de pénible mémoire, en présence d'une terre aussi peu rassurante?

Il était près de quatre heures de l'après-midi, quand une grande jetée de blocs hydrauliques, accumulés à l'entrée d'une ravissante petite rade, nous fit croire à une prochaine débarcation. A ce moment seulement nous apprîmes que c'était dans les eaux de la vieille *Hippone* (de nos jours *Bône*) que l'*Intrépide* venait de jeter son ancre.

BONE

Vue de la rade, la petite ville de Bône est loin de présenter l'importance commerciale qu'elle possède et l'on demeure stupéfait quand on apprend que ses murs recèlent près de 9,000 habitants. Son port est des plus élégants et des mieux construits; les hautes et superbes habitations qui dominent le quai annoncent une ville toute française.

De grands embarcadères en bois et qu'on aurait dit creusés dans le même tronc furent notre pied-à-terre à la descente de l'*Intrépide* et ce ne fut certes pas en spectateurs que nous effectuâmes ce dernier période de notre traversée. Chacune des grandes barques qui venaient d'être mises à la disposition du *bord* ne contenait pas moins de 250 à 300 hommes et ce chiffre suffit pour expliquer notre liberté d'évolution.

Au reste, ce ne fut pas long : le temps d'atteindre le quai fut l'affaire de quelques vigoureux coups de rame et nous posions le premier pas sur le territoire africain.

Les compagnies une fois rangées et numérotées sur le quai, on nous dirigea vers notre premier campement, vaste plaine située au nord de la ville. Plus de 2,000 de nos camarades nous attendaient, chasseurs, hussards, train des équipages, artillerie et quelques autres bataillons de ligne qui, avec nous, devaient composer la brigade Galland.

Une fois les faisceaux formés, il fallut s'occuper de monter les tentes, et certes, ce ne fut point là le moindre des embarras pour nous qui, à la veille de faire colonne, ne savions même pas à quoi servaient les boutons placés sur les bords de chacune d'elles.

Nos camarades, moins embarrassés que nous, suppléèrent à notre incapacité de recrues en campagne et vingt minutes ne s'étaient pas écoulées que notre camp était établi et aligné sur le front de bandière.

La soirée fut laissée à notre disposition et, à l'exception des impotents, de ceux qui n'étaient pas encore remis des épreuves maritimes, ce fut un véritable délassement pour nous que de pouvoir visiter, le même soir de notre débarquement, les quartiers de l'antique Hippone.

Nous avions entendu parler des Arabes, mais jamais nous ne nous serions fait une idée de leur étrange costume ; c'était en effet un spectacle charmant et des plus variés que ce mélange de juifs, maltais, italiens, mahométans, causant, pérorant, se disputant et ne songeant pas plus au grand Turc, qu'à la vive curiosité qu'ils suscitaient en nous.

Bône doit être une excellente garnison sous le rapport économique ; les vivres y sont d'un bon marché incroyable, sans parler du tabac — si cher au troupier — dont la livre se vend au prix d'un paquet de 40 grammes chez nous. Contents de notre première sortie, nous rentrions le soir gais et dispos, oubliant les mauvaises nuits passées sur l'*Intrépide*, moins soucieux d'aller nous étendre sous la petite tente que sur les meilleurs sommiers d'Edimbourg....

Nous arrivions juste pour faire la Pâque, et ce fut une terrible journée que celle du 17 avril; une revue d'appel fut passée à onze heures par les commandants de compagnie et la journée fut libre pour les non-consignés. On devait quitter Bône le lendemain matin, et hormis ceux qui eurent à rafraîchir leur linge (le lavoir n'était pas à moins de 3 kilomètres du Camp), je vous laisse à penser quels furent ceux qui ne tinrent pas à célébrer leurs Pâques *(sic)*.

Le 4e bataillon nous avait précédés ainsi qu'à Bordeaux, et par 41° Réaumur, il faisait le trajet que nous devions faire nous-même le lendemain. C'était l'inauguration des couvre-nuques et nous pûmes nous convaincre *de visu*, comme nous l'avions supposé tout d'abord, que ce n'était pas du tout une *fantasia* qu'on avait voulu nous offrir ; c'était un préservatif indispensable contre les insolations, si fréquentes sous les ardeurs de ce ciel d'airain.

Nous oubliâmes, le soir, les ardeurs sénégaliennes du nouveau climat dans un petit restaurant français qui nous offrit un vin d'Algérie très recommandable.

Il n'y eut pas de contre-appel ce soir-là, et pour cause : les uns étaient gais, les autres contents et beaucoup n'eurent pas mal de peine à retrouver leur tente....

Quelques meules de paille, situées à l'entrée du camp, servaient de gîte à la majeure partie des réfractaires. Les sonneries matinales des trompettes vinrent les surprendre dans cet innocent abandon qu'occasionne chez nous l'oubli involontaire de nos devoirs. Il fallait néanmoins rejoindre son détachement et se préparer pour le départ ; quatre heures n'avaient pas encore sonné et à peine étions-nous guidés des premiers feux de l'aurore, que nous partions en avant-garde. La chaleur ne fut pas aussi accablante que celle de la veille ; l'étape n'était pas faite pour nous rebuter, nous n'avions que 18 kilom.

à parcourir par une route en plaine et partout carrossable. C'était en effet un début insignifiant eu égard aux fatigues insurmontables qui nous attendaient dans la suite. Ce fut le manque d'eau qui, ce jour-là, contribua le plus puissamment à rendre notre marche pénible : c'est à peine si, à la grand'halte, nous pûmes rafraîchir nos poitrines altérées dans une eau saumâtre et malsaine dont le peuple coassant formait l'unique cortège,

<small>S'enfuyant d'un côté, s'écarquillant de l'autre.</small>

Certains de nos camarades ne dévorèrent pas moins d'une douzaine de citrons durant cette première étape, croyant pouvoir en faire une nouvelle provision au prochain campement. Les beaux citronniers que ceux du pays Kroumir !... Nous arrivions vers les quatre heures, harassés plutôt de soif que de fatigue, au bourg de Saint-Maurice, si toutefois l'on peut donner le nom de bourg à une buvette qui, pour toute boisson, vendait un vin exécrable, et à trois ou quatre masures disséminées dans la campagne.

Le commandant fut très content de nous lorsque, de 600 hommes dont se composait le bataillon, nous n'en avions laissé qu'une quarantaine en arrière et que le 4e, dans le même trajet de la veille, n'en avait pas laissé moins du quart de son effectif.

SAINT-MAURICE

Situé au milieu d'une vaste plaine qui ne conservait plus de traces printanières, Saint-Maurice nous donna le premier pressentiment des ressources que devaient nous offrir les tristes parages que nous étions appelés à parcourir. Quoique à une faible distance de Bône, les éléments les plus indispensables nous firent défaut : heureusement qu'on avait été prévenu et que le peu de bois que nous portions sur nos sacs, ajouté à la provision portée par les cacolets (c'est ainsi que sont désignés en campagne les Mulets du Train) fut strictement suffisant pour notre cuisine.

Pas le moindre cours d'eau, pas seulement une fontaine à plus d'une lieue à la ronde : la buvette franco-italienne, située à l'entrée du campement subvint à notre punérie, et Dieu sait si la pauvre citerne, placée à l'un des angles de l'établissement, fut mise à contribution. Les alentours n'offraient pas le plus infime des arbustes : quelques pâles oliviers se prélassaient au milieu de ce désolant paysage, entrecoupé, selon les conformations du terrain, de grandes haies de cactus qui servaient à délimiter les douars. (Dénomination de chaque propriété ou domaine).

Des Arabes du voisinage nous vendirent quelques oranges d'une maturité plus que précoce, mais qui n'en furent pas moins trouvées excellentes durant la rude étape du lendemain.

LAC DES OISEAUX

Le réveil eut lieu aux premiers feux de l'aurore et les compagnies étaient déjà sac au dos que l'on ne pouvait distinguer qu'avec peine la direction du Lac des Oiseaux. Le capitaine Rossignol, notre commandant de compagnie, voulut reconnaître notre campement avant le départ et s'assurer que les hommes n'avaient rien oublié. Nous avions 4 kilomètres à ajouter au même trajet de la veille, et cela n'était rien moins qu'effrayant pour ceux dont les blessures étaient encore saignantes : les visites sont très rigoureuses en Campagnes et il fallait être incapable de porter sa chaussure pour se faire exempter seulement de sac. Bon cœur contre mauvaise fortune, et dans l'espoir d'oublier nos premières fatigues sur quelque bande de sauvages, nous marchions en véritables forcenés, ruisselants de sueur et dans un tourbillon de poussière qui nous obligeait le plus souvent à serrer nos narines.

Après les pauses réglementaires, *nous croyions faire la grand'halte et retremper nos forces avec un quart de café ; nous ne pouvions pas faire du café sans eau* et il était plus de midi que nous n'avions pas encore rencontré la mare la plus bourbeuse. C'était une véritable exaspération qui s'emparait de nous et plus d'un fut tenté d'en finir, je puis l'affirmer, avec une existence aussi dure pour son début. Certes, ce n'était pas à tort que les enfants de nos vertes Pyrénées, assez nombreux dans nos rangs, invoquaient les eaux claires et limpides de nos montagnes, le tendre murmure de nos sources et le roulement des fières cascades. Nous pouvions nous écrier avec Victor Hugo dans les châtiments :

Sables d'Afrique, horreurs qu'a sondées Ribeyrolles !.....

On s'arrêta à la 22e borne et le campement fut établi au milieu d'une vaste plaine d'alfa complètement calciné. Toutes informations prises auprès des Arabes qui nous servaient de guides, un amas inqualifiable d'eau de pluie, dans un trou situé à quelques centaines de mètres, fut notre approvisionnement et le meilleur rafraîchissement que l'on pût trouver. Que l'on se figure notre désappointement dans un moment où l'on aurait préféré un verre d'eau claire, au meilleur mets de restaurant ! Potable ou non, nos poitrines défaillantes ne pouvaient plus résister et les plus délicats ne furent pas sans goûter du crû : il fallait au moins débarrasser notre larynx de la croûte terreuse dont il était surchargé. Pour comble d'infortune le Lac des Oiseaux (de bien triste mémoire) ne fut pas suffisant pour le besoin des cuisines : les derniers venus ne trouvèrent plus que la vase au fond de cette mare fétide. Ordre fut donné que le liquide serait réparti, et qu'au besoin, les hommes prendraient leur part de soupe dans les sections approvisionnées.

AIN-GARGOUR

Ce fut dans la brûlante après-midi du 20 avril que nous arrivâmes au camp d'Aïn-Gargour. Un hourrah général fut notre première exclamation en présence d'un cours d'eau qui descendait lentement des parages supérieurs. Nous touchions aux premiers gradins des forêts Kroumires et les côteaux qui nous dominaient en amont de notre camp conservaient un peu de verdure et formaient un véritable contraste avec le délabrement de nos deux derniers campements. Quelques lentisques touffus nous honorant de leur présence, nous permirent de faire notre cuisine à l'ombre, et aux officiers d'établir leurs petites tentes à l'abri des ardeurs du soleil africain.

Pour la plupart, nous avions grandement rabattu de nos premières réticences et l'Aïn-Gargour, quoique d'une eau passablement jaunie, fit les frais de notre premier blanchissage. En un clin d'œil, la rive gauche était transformée en une buanderie formidable et chacun y apportait d'autant plus de diligence que cette partie de la rive devait être libre à l'heure de l'abreuvage.

Ce fut une ablution générale et malgré la défense formelle de se baigner (bien peu nous importaient les ordres), nous cédâmes tous au besoin de nous débarrasser de l'insalubre cuirasse dont notre épiderme était intimement recouvert. *Nous reçumes là notre baptême africain.*

ROUM-EL-SOUCK

L'étape de Roum-el-Souck fut la plus importante de celles qui marquèrent le commencement de l'expédition. Partis de la plaine d'Aïn-Gargour dans la matinée du 21 avril, nous n'avions pas moins de 32 kilom. à parcourir pour arriver au prochain campement, où nous attendait l'avant-garde de la colonne Galland. Nous laissions la route carrossable sur notre gauche après la deuxième pause, et nous nous engagions dans ces forêts Kroumires qui devaient former le théâtre de nos opérations. Ce fut une véritable débandade que le trajet de cette journée : de rares sentiers qui ne se reliaient que par intervalles, étaient nos uniques jalons, et nos guides eux-mêmes eurent beaucoup de difficulté à nous sortir d'un pareil dédale.

La consigne, ce jour-là, fut plus sévère que dans les dernières marches : malheur à celui qui restait en arrière, car les cacolets étaient à peu près chargés.

On fit la grand'halte sur un verdoyant côteau qui dominait une charmante petite vallée ; nous étions grandement altérés et après les 20 kilomètres que l'on venait d'enjamber, il ne restait plus de traces de l'eau de l'Aïn-Gargour. Nous descendîmes dans le bas-fond, et quoique bordé de lauriers-roses, nous pûmes largement nous rafraîchir sur les bords d'un petit ruisseau qui se dissimulait sous des arcades de verdure.

La partie la plus pénible de l'étape, nous l'avions encore à parcourir et ce ne fut qu'au prix d'insurmontables fatigues que l'on franchit les deux ascensions qui nous séparaient de Roum-el-Souck. Nous étions impatiemment attendus, et ce ne fut que vers les 3 heures de l'après-midi que nous pûmes arriver au nouveau campement ; le café avait été préparé à notre intention et le 4e bataillon qui, comme d'habitude nous avaient devancés d'un jour, vint nous l'offrir de grand cœur. On eût préféré une suissesse ou une grenadine, échauffé comme on l'était par cette terrible journée, mais ce que l'on nous donnait ne pouvait pas nous indisposer.

Dominant une vaste vallée et placé sur un admirable point de vue, Roum-el-Souck était considéré à juste titre comme le point le plus important du versant occupé par notre colonne. Non loin du plateau que nous occupions, les zouaves avaient construit une caserne flanquée de quelques tours avec meurtrières. Un cours d'eau assez considérable arrosait de ses eaux, quasi-limpides, les pâturages de cette pittoresque vallée : on se serait cru transporté dans nos riantes montagnes après les épreuves que nous venions de traverser.

A Roum-el-Souck, nous pûmes nous remettre un peu de nos dernières privations, et des Italiens dévoués, qui avaient suivi nos convois, nous offrirent ces deux éléments qui devaient nous faire défaut pendant si longtemps : le pain et le vin. Nos rations étaient de deux biscuits 1/2 par jour et nous n'avions guère à compter sur les fours de campagne, à en juger par les parages que nous avions parcourus.

Peu avant le commencement de l'expédition, une rixe assez vive s'était engagée entre une vingtaine d'indigènes et quelques zouaves qui, imprudemment, s'étaient éloignés du camp. Ils furent plutôt assaillis qu'attaqués ; plusieurs arabes furent tués ou blessés, mais 3 de nos braves camarades restèrent sur le terrain.

Leurs dépouilles reposent dans un modeste mausolée qui leur a été élevé par leurs camarades, sur la partie supérieure du camp ; nous ne pûmes que frémir devant ce témoignage irrécusable de la férocité indigène... Ou il n'existerait pas de Kroumirs, ou l'on vengerait les tortures endurées par nos frères !...

L'apparition d'une colonne en marche qui s'avançait sur l'aile droite de notre position, nous fit croire à une attaque sérieuse dans l'après-midi du 22. Il était près de 5 heures quand la caravane s'arrêta sur une vaste pelouse que nous voyions en plein ; les officiers de braquer leurs longues-vues et d'interroger les velléités du nouveau campement. Ce fut un vrai prodige que la rapidité avec laquelle les tentes furent montées ; on n'avait pas encore pu reconnaître la qualité ni la force de leurs armes — si toutefois ils en avaient — que toutes les toiles étaient tendues comme par enchantement.

On plaça plusieurs compagnies d'avant-garde en cas d'attaque nocturne. La nuit ne fut pas troublée par la moindre détonation et quelle ne fut pas notre surprise, au réveil, en ne voyant plus aucune tente : la caravane c'était sauvée à la faveur des ténèbres.

Tout se passa tranquillement jusqu'au 24 avril, et si l'on ne fut point tracassé du côté de la guerre, le ciel ne fut pas en revanche, clément pour nous. La pluie, qui commença à humecter nos tentes dans la journée du 23, tombait par torrents au moment où nous quittions Roum-el-Souck, dans la matinée du lendemain. Notre brigade était au complet et ne comprenait pas moins de 3,000 hommes.

HAIN-MAHINS

C'était un charmant spectacle que le défilé de notre colonne à travers ces forêts de broussailles et de chênes-liège par une pluie battante et qui, certes, n'avait pas l'air de vouloir cesser. Nous pouvions largement oublier la pénurie du Lac des Oiseaux, car à partir de Roum-el-Souck ce ne fut pas l'eau qui nous manqua.

En dehors des munitions et du service des ambulances, le convoi était formé d'un grand nombre d'arabes ayant chacun 2 ou 3 chevaux ou mulets. Ils étaient notamment chargés du transport des caisses de biscuits et des bagages des officiers. Chargées au-dessus de leurs forces, et par des sentiers impraticables, les pauvres bêtes n'avançaient qu'aux prix de fatigues inouïes. C'était un vacarme épouvantable quand un de ces animaux s'enfonçant dans la vase à une grande profondeur, les arabes se rassemblaient en grand nombre pour venir le dégager. Le plus souvent nous devions leur venir en aide, car en dehors de leurs forces physiques, qui sont proportionnellement supérieures aux nôtres, les arabes sont d'une grande maladresse.

Rien de saillant ne se produisit sur les hauteurs d'Aïn-Mahïns où notre corps stationna jusqu'au matin du 26.

HADJER-BEN-OURADE

Le climat du nord de l'Afrique a cela d'endémique dans sa nature, qu'il en est des pluies comme des chaleurs. Dans le cours de notre colonne et même durant la période bien plus longue de l'occupation, nous avons essuyé des 25 et 30 jours de pluies continuelles. Il fallait monter les tentes sur la boue, lorsque tous nos effets étaient aussi trempés que la toile ruisselante qui servait à nous abriter.

Bien heureux encore quand, après avoir établi nos gîtes, aussi modestes qu'humides, l'on arrivait assez tôt pour établir tout autour une petite tranchée; bien des fois l'heure tardive à laquelle on s'arrêtait ne nous permettait pas de nous prémunir contre les intempéries nocturnes. Il ne fallait pas nous étonner alors si, à une certaine heure de la nuit, on était réveillé par quelque courant nouvellement débordé.

Et dire après cela que l'eau nous manquait en Afrique!

> Il est des jours de paix, d'ivresse et de mystère,
> Où notre corps savoure un fluide involontaire,
> Où l'air vibre, animé d'ineffables accords!..

pouvions-nous dire avec le poète russe.

Notre séjour à Hadjer-ben-Ourade dura du 26 avril au soir jusqu'au 3 mai au matin; nous étions en plein pays Kroumir et c'est en vain que nous allions fouiller les nombreux gourbits qui formaient la banlieue de notre pittoresque campement... Personne!

DJËRA - BÉRA

Avant de continuer notre pérégrination à travers les forêts séculaires du Nord de la Régence, disons un mot sur la demeure (nous devrions dire refuge), que l'indigène désigne sous le nom de *Gourbit*.

Dans les contrées non boisées, et principalement en Tunisie, le gourbit consiste en une grande tente de toile grisâtre et grossière, assujettie au sol au moyen de pieux en bois *(quelquefois en fer)* et soutenue par une seule pièce ou piquet placé sur le devant du gourbit. L'entrée est le plus souvent exposée au levant et presque toujours à découvert, si ce n'est au plus fort de la canicule. Quelques nattes en alfa, proportionnées à la grandeur de la pièce, constituent tout l'ameublement intérieur; une pierre pour appuyer sa tête, l'arabe s'endort aussi tranquillement sur ces nattes que le Pacha sur ses divans somptueux.

Dans le district essentiellement Kroumir, qui est en général boisé, le gourbit se compose d'une simple cabane qui a beaucoup d'analogie avec les rustiques masures de nos pâtres des montagnes. Les murs sont construits en pierre sèche et n'ont guère plus d'un mètre d'élévation; la couverture est en chaume et tombe le plus souvent de vétusté. Tout était désert sur notre passage, les armes (*Moukala*) et les yatagans avaient été emportés; des vaisselles arabes, des ustensiles de cuisine qui témoignaient d'un usage récent, tout nous faisait entrevoir que le départ ne remontait pas au-delà de la veille, peut-être même au matin de notre arrivée. L'impassibilité du sauvage s'humiliait devant les armes de la France.

ABDEL-KEADER

Nous arrivions au nouveau campement dans la soirée du 4 mai et les pluies avaient cessé depuis le départ de Djéra-Béra.

Depuis notre départ de Roum-el-Souck, nous pouvions être classés dans l'ordre des grimpeurs, car après avoir franchi une montagne, il s'en présentait une deuxième plus élevée. Ce n'étaient pas des marches, mais de vrais assauts à pas de charge à travers les broussailles et des forêts impénétrables.

La température s'était sensiblement refroidie à mesure que nous nous élevions dans ces parages que nous visitions, peut-être, en explorateurs.

Les avant-postes s'emparèrent, au camp d'Abdel-Keader, de deux indigènes à l'extérieur le plus repoussant. Ils furent amenés devant le général commandant la brigade *qui ne les jugea pas dignes d'être fusillés*. Leurs Moukalas, qui ne mesuraient pas moins d'un mètre 50 de long, leur furent prises : c'était des fusils à pierre.

Pieds et poings liés ils furent déposés dans un silo où devaient venir les délivrer leurs camarades et où peut-être ils sont morts de faim!....

AMEL-GALTA

La brigade quittait Abdel-Keader dans la matinée du 5 mai.

Notre départ fut marqué par un incident des plus inattendus.

Le coup de charge venait d'être sonné quand, au milieu des arabes campés à une petite distance de notre compagnie et occcupés au chargement des cantines, surgit une énorme hyène, à l'allure farouche, qui fit la stupéfaction du convoi indigène.

Barra Nayec...! crièrent nos arbis, et tous de s'emparer de leurs traditionnelles matraques, dont les dimensions intrinsèques eussent fait rougir le plus rébarbatif de nos fauves pyrénéens. C'était aux premières lueurs de l'aube, et l'animal, abasourdi par ce tumulte, sortant d'une compagnie pour rentrer dans une autre, ne savait plus où donner de la tête. Il allait passer devant le front de la 3me, lorsqu'un soldat l'ajusta au passage et l'étendit du premier coup à une vingtaine de mètres. La bête fût chargée sur un cacolet et dépouillée au prochain campement ; le capitaine voulut conserver la fourrure, d'une beauté remarquable, comme un souvenir du Camp d'Abdel-Keader.

L'étape fut longue et accidentée ; la pluie, qui tombait de plus belle, s'infiltrait jusque dans l'intérieur de nos sacs. Nos fournimenls étaient dans un état pitoyable et le chargement n'en était que plus lourd.. En revanche, nos biscuits ne pouvaient que s'attendrir sous l'influence de cet état atmosphérique et leur consistance n'en devenait que plus malléable *(sic)*.

Nous séjournâmes près d'une semaine à Amel-Galta et nos reconnaissances dans les gourbits d'alentour nous permirent de faire la capture d'un grand nombre de bêtes à corne.

Nous pûmes oublier là les fameux bifteacks de l'*Intrépide* et nos holocaustes au grand Mahomet furent nombreuses dans la solitude de ces verdoyantes forêts.

SIDI-ABDALLAH

La garde de nos razzias ayant été confiée au convoi indigène qui faisait ordinairement partie de l'arrière-garde, nous abandonnions les hauteurs d'Amel-Galta dans la matinée du 11 mai, et d'après les pronostics de l'état-major, nous n'étions pas à une grande distance des Kroumirs : nous devions nous attendre à une rencontre prochaine.

Deux compagnies, dont la nôtre, furent envoyées en avant-garde et le général Galland nous honora de son escorte. L'ordre nous avait été donné que dans l'intervalle des pauses, aucun homme ne devait s'écarter de la colonne à plus de cinquante mètres ; l'ennemi pouvait être dissimulé par le moindre buisson, par le plus petit accident de terrain.

Nous traversions de sombres forêts de chênes au feuillage touffu, dont les écorces grisâtres témoignaient de longs états de service.

A l'encontre des prédictions du matin et toutes les précautions prises, la marche de la brigade ne fut interrompue par aucune détonation ; quelques gourbits par intervalles, mais pas un indice ne révélait la présence de l'homme au milieu de ces pittoresques parages.

Nous arrivâmes vers le soir sur le vaste plateau de Sidi-Abdallah ; une cavalcade de goums détachés de la colonne Vincendon nous avaient précédés et nous pûmes admirer leurs petits chevaux, légers comme le vent, effleurer la côte abrupte et à pic qui nous séparait du nouveau campement. C'est là que se dressait le premier monument de la religion mahométane que nous trouvions sur notre route, le premier Marabout.

Une enceinte carrée dont les murs ne mesuraient pas plus de 4 à 5 mètres de large sur 3 ou 4 de hauteur, une terrasse reliant ces murs, surmontée elle-même d'un dôme en forme de tronc de cône et proportionné à l'enceinte, telle est toute l'ingéniosité artistique que l'Arabe déploie dans l'érection d'un mausolée. Cet édifice funèbre, qui est représenté chez nous par le caveau de famille, n'a pour toute décoration extérieure qu'un badigeonnage d'une blancheur immaculée.

L'intérieur du Marabout, aux teintes sombres ou verdâtres et dont le symbole est la feuille de chêne, renferme ordinairement la dépouille vénérée d'un Califa ou d'un vieux Scheick dont la mémoire doit rester impérissable dans la tribu. Quelques palmiers aux touffes pendantes et sévères sont plantés à l'un des angles du Marabout, quelquefois même à l'un des angles de la terrasse.... Nous pûmes nous convaincre à maintes reprises que ces mausolées, d'une si modeste construction, jouissent du même respect et quasi de la même vénération que la Synagogue chez les juifs. L'obole nécessaire pour l'entrée dans le royaume du grand Mahomet est placée dans un petit plat d'argile, à proximité du défunt. La bière est des plus simples et toujours en bois de chêne. Quelques cierges allumés les jours de grande cérémonie et aux anniversaires ; une veilleuse reste constamment allumée à l'instar de nos églises.

Le Marabout de Sidi-Abdallah était presque en ruines quand il nous fut permis de le visiter ; la porte en avait été enfoncée par nos goums et la dépouille sacrée se trouvait ensevelie sous les décombres du dôme démantelé par les balles.

Cette conduite de nos tirailleurs nous surprit d'autant plus qu'ils appartenaient eux-mêmes à la religion mahométane : mais tout s'expliqua quand on nous apprit qu'un attroupement considérable d'indigènes armés et voulant repousser l'attaque s'étaient réfugiés dans l'enceinte et avait résisté jusqu'au dernier moment. Ceux d'entr'eux qui échappèrent à la fusillade des tirailleurs furent enfouis sous les ruines du mausolée indigène.

Le colonel Bérenger crut devoir conserver, comme antiquité arabe, une serrure placée à la porte du Marabout et dont l'ingénieux mécanisme ne se retrouverait pas peut-être en France.

Notre séjour à Sidi-Abdallah fut le plus prolongé de toute l'expédition ; les compagnies d'avant-garde postées à l'est du vaste plateau que nous occupions avaient reçu une consigne sévère, car l'affaire du

Marabout ne pouvait que nous faire croire à une rencontre plus sérieuse, à une surprise nocturne peut-être. On devait se garder surtout d'allumer le moindre feu pendant la nuit…. J'ignore si les autres compagnies nous imitèrent aux avant-postes, mais je me rappelle fort bien que la 1re établit un véritable bivouac au milieu des touffes de lentisques qui ornaient notre campement. C'étaient de bruyants réveillons tout autour de l'immense foyer où s'étalait une marmite débordante de moka plus ou moins authentique. En revanche on avait grand besoin de se sécher, car le ciel nous arrosait d'une surabondante façon. Notre campement, dont le sol n'était que légèrement incliné, formait un indescriptible bourbier que le piétinement des chevaux rendait presque impraticable.

> Etait-on dans un lac ou bien dans une mare ?
> C'est ce qu'on ne sut définir.

Nous correspondions avec Roum-el-Souck et notre premier convoi, escorté simplement de quelques hommes du train, fut surpris par une embuscade indigène. Les conducteurs eurent la bonne fortune de se sauver, leur résistance étant inutile…. Ils étaient 6 ou 7 contre une cinquantaine de sauvages armés de matraques, de grands coutelas, de fusils, etc.

Ce ne fut que la veille de notre départ de Sidi-Abdallah que le courrier nous arriva sain et sauf avec quelques provisions de café, sucre, biscuit, et aussi — il faut le noter — *une distribution de pain*. Il avait fallu une compagnie entière pour escorter le convoi, et grâce seulement à cette mesure, nous pûmes avoir des nouvelles de France.

Ce soir-là, on fit bombance : il fut distribué 1/4 de pain par homme *(pas même 400 gram.)* et une ration d'eau-de-vie pour deux. Depuis Bône, c'était notre premier *extra* : les Kroumirs ne devaient plus résister à notre approche !

AIN-DRAHAM

Craignant une attaque du côté nord, une partie de la brigade fut détachée quelques jours après notre arrivée à Sidi-Abdallah et avait été s'établir sur le versant très incliné d'Aïn-Draham. Plusieurs compagnies durent se créer, avec les outils de pionniers, des emplacements pour leurs tentes. Nous n'étions pas à une grande distance de nos camarades et l'étape en ligne droite n'eût été que d'une dizaine de kilom. Mais il fallait contourner une impénétrable forêt de chênes-liège pour rejoindre le détachement. L'ascension n'était pas longue, mais elle était des plus escarpées ; le capitaine Rossignol, qui dépassait la soixantaine, la jugea au-dessus de ses forces et ne put rejoindre la compagnie qu'à la prochaine pause. Un cimetière arabe, qui s'étendait au-dessus d'un Marabout, fut un des plus navrants spectacles de notre campagne. Les fosses à demi entr'ouvertes, des ossements épars çà et là et que nous devions fouler aux pieds, tout cela n'était pas fait pour nous préparer à d'aussi rudes fatigues ; il s'exhalait de ce tertre de désolation sinistre des émanations putrides qui paralysaient les forces des plus intrépides...

Le beau temps avait heureusement reparu, et il n'était pas encore tard quand la colonne dût s'arrêter sur les bords de l'Aïn-Draham : c'était un bien faible ruisseau pour l'alimentation de toute une brigade et dont le cours, à demi-intercepté, était imprégné d'une teinte blanchâtre et savonneuse qui rendait son eau *impotable*. Nous dûmes avoir recours aux sources avoisinantes, et à ce propos, je me rappelle avoir découvert, en compagnie d'un de mes camarades, une petite source digne de nos montagnes. Le fond et le bassin lui-même étaient tapissés d'une mousse légère et entrelacée, vierge de toute souillure humaine. Il fallut écarter cette riche tenture digne de l'immortelle Orygie, pour puiser l'eau avec nos *quarts*.

La compagnie se disposait à faire honneur aux cuisiniers et à passer une nuit tranquille lorsque le capitaine fut prévenu qu'on était de grand-garde.

Nous étions en plein pays ennemi, les avant-postes furent doublés, et défense nous fut faite de dérouler nos sacs.

La nuit fut néanmoins des plus paisibles, et pour nous remettre de notre insomnie, nous devions nous payer le lendemain une étape de 35 kilom. à travers les bois et par des chemins impossibles. Nous allions toujours droit devant nous et d'après les cartouches pyrotechniques échangées les nuits précédentes, l'ennemi ne pouvait pas être éloigné.

EL-GUÉMAIR

La journée du 24 mai devait rester tristement célèbre dans les mémoires de notre campagne ; quelques-uns de nos camarades s'étant imprudemment permis de cueillir quelques légumes dans le cours de l'étape, furent punis de plusieurs jours de prison. Mais ils ne furent point les plus malheureux... Un brigadier et deux hommes du train s'étant écartés par trop du campement en cherchant de l'alfa, furent assaillis par une bande d'indigènes qui rôdaient en maraudeurs et aussi en espions. Ils les torturèrent jusqu'à leur dernier souffle, et leurs souffrances seraient horribles à rapporter : c'est avec une indicible joie que le Maure se repaît de l'agonie d'un chrétien, et sa mort n'est qu'un long martyre.

Les cheveux, les ongles, les oreilles, les doigts, les mains, le nez, les yeux et successivement tous les membres sont affreusement arrachés ; le supplice se termine par la décapitation, car sans cela l'Arabe doute encore de la mort du *Roumi*.

La journée touchait à son déclin quand le bruit de la disparition de nos trois camarades se répandit dans le camp.

Des patrouilles furent envoyées dans toutes les directions, mais avec une consigne qui ne permettait pas d'atteindre le rayon dans lequel avaient été massacrés nos malheureux collègues. C'est en vain que plusieurs gourbits des alentours furent fouillés de fond en comble : aucun indice ne frappa nos investigations, et ce ne fut qu'au retour de cette tardive reconnaissance qu'une capture tout à fait imprévue vint nous dédommager de nos fatigues. La retraite avait été sonnée, et nous nous apprétions à rentrer dans nos compagnies lorsque, en approchant des avant-postes, nous entendîmes les sentinelles crier : qui vive !... Etait-ce pour nous ou bien pour qui !... Quel ne fut pas notre étonnement en apercevant trois monstrueux *Arbis*, armés de leurs Moukalas, cherchant à se dissimuler derrière les broussailles. Ils ne firent pas la moindre résistance et les mains liées derrière le dos, ils furent menés devant le général. Quel qu'eût été le sort des hommes du train et l'horreur de leur supplice, leur vie fut bel et bien respectée.

Les restes mutilés de nos trois frères d'armes furent trouvés quelques jours après par la brigade Vincendon, dont la marche était parallèle à celle de notre colonne.

Ces dernières péripéties et l'impunité dans laquelle nous devions laisser les assassins d'El-Guémaïr avaient redoublé notre acharnement contre un ennemi toujours recherché et sans cesse invisible.

EL-KADOUMAH

La journée d'El-Kadoumah fut la plus mémorable de notre campagne, celle qui nous permit de venger la mort de nos amis.

Le campement fut levé au petit jour et l'avant-garde reçut la consigne de n'avancer qu'avec la plus prudente réserve ; on devait trouver les Kroumirs, et cette certitude, qui n'avait été jusque-là qu'une fiction, nous faisait oublier nos dernières épreuves. Si l'étape nous avait bien des fois effrayés, ce ne fut certes pas ce jour-là. La région que nous avions devant nous était très boisée mais de splendides clairières interceptaient çà et là, de leurs gazons onduleux, les majestueuses forêts qui s'étendaient autour de nous.

Les pauses se firent sac au dos, et il y avait à peu près deux heures que nous étions en marche, quand les tirailleurs reçurent l'ordre de s'arrêter. Nous étions à découvert, et la verte pelouse qui prolongeait ces vastes solitudes allait en s'inclinant jusqu'au ravin le plus rapproché.

Au-dessus du ravin se dessinait un bois d'énormes chênes-liège, excessivement fourré ; c'était, à n'en pas douter, la retraite choisie par nos belligérants.

L'adjudant-major Guérin s'empressa de rejoindre nos tirailleurs et osa même les dépasser ; il se préparait à descendre dans le ravin qui nous séparait de la forêt avoisinante, lorsqu'une détonation se fit entendre. La balle avait frisé son oreille et le feu commençait sur toute la ligne.

Plusieurs compagnies s'élancèrent sur les traces de nos tirailleurs tandis que le reste de la brigade s'échelonnait sur la roche abrupte et sans abri qui s'élevait à notre gauche. Les Arbis pouvaient nous voir en plein tandis que nous ne pouvions pas apercevoir un seul de leurs canons. La fusillade pleuvait comme grêle sans que nous pussions ajuster un seul Kroumir. On fit former les files pendant que nous côtoyions le ravin et, dans cet intervalle, deux balles vinrent échouer à nos côtés. La deuxième vint frapper, par ricochet, la gamelle de campement portée par mon second tirailleur C...., ordonnance du lieutenant. Etait-ce défectuosité de leurs armes ou maladresse individuelle ? Nos morts ne furent pas nombreux. Poursuivis par nos tirailleurs et par les compagnies de renfort, les Kroumirs furent expulsés de leur noir repaire et poussés dans une gorge étroite et profonde dont ils ne devaient plus sortir.

Ce fut l'affaire de quelques instants ; pendant que notre arrière-garde fouillait les derniers replis du bois de chênes-liège et leur coupait tout mouvement de retraite, nous contournions le plateau pour les cerner dans un cercle de feu. Un bataillon du 22e de ligne dominait déjà le plateau et le piège tendu à la cohorte indigène fut couronné d'un plein succès.

La position que nous occupions avec nos collègues du 22e était des plus avantageuses ; chassé de son dernier retranchement, l'ennemi devait forcément se réfugier dans un encaissement naturel formé par une intersection de montagnes. L'action fut courte et décisive. Du haut des affreux précipices que nous dominions, nous pûmes jouir d'un spectacle digne d'envie : l'ennemi venant forcément se placer sous le feu de nos canons.

C'était un brouhaha épouvantable à chaque feu d'escouade et de section ; il y avait un je ne sais quoi d'inhumain et d'horriblement féroce dans ces hurlements formidables qui accompagnaient chacune de nos détonations... Nous assistions à un épisode de guerre comme n'en ont pas fourni de plus sanglants les chasses les plus dramatiques dans les forêts vierges du Nouveau-Monde. La fierté du sauvage devait s'abaisser sous l'habile stratégie des armes françaises.

Nos grenadiers ne furent pas plus braves sur le champ de Waterloo, et les rugissements lamentables répétés par les échos d'alentour ne cessèrent qu'avec la dernière victime. Ils y passèrent jusqu'au dernier. Leurs pertes ne s'élevaient pas à moins de 6 à 700 hommes.

On sonna le rassemblement..., et alors seulement on se demanda si l'on avait songé à manger, ce jour-là.

Il était près de 11 heures du matin, nous étions sac au dos depuis le réveil. On est tellement surexcité dans ces graves circonstances que le corps ne ressent plus ni privations ni fatigues.

La soupe fut remplacée par une marmite de café par escouade. Nous laissions les précipices sur notre droite et la colonne s'acheminait vers la partie occidentale du bois de chênes-liège. Les plans de l'état-major devaient être déjoués dans cette manœuvre : les Kroumirs nous préparaient une de ces surprises dont le secret leur est essentiellement exclusif.

La brigade venait de s'arrêter pour faire la deuxième pause, lorsqu'une balle, qui ne pouvait pas venir de très loin, vint frapper en pleine poitrine un sous-lieutenant du 4⁰ de ligne. La mort fut instantanée.

Une section de la compagnie s'élança immédiatement dans la direction suivie par la balle... Il ne fallut pas aller loin. A peine parvenue sur un entassement de roches granitiques qui dominait notre position, le téméraire indigène tombait sous une foudroyante fusillade. C'était un kroumir encore jeune n'ayant pas au-delà de 20 ans, d'une structure colossale ; couché sur son séant, il tenait encore dans ses mains frissonnantes l'énorme Moukala dont il avait ajusté l'officier du 40e. Quelle qu'eût été sa témérité, nous ne pouvions qu'admirer l'impassible bravoure et le sang-froid vraiment héroïque de cet homme défendant son pays.

On était encore sous le coup de cette alerte fortuite lorsqu'une fusillade des plus accentuées surprenait notre arrière-garde.... La colonne faisait demi-tour, et, au grand désappointement de notre état-major, l'ennemi nous dominait, tout en restant invisible. Ils n'étaient pas au-delà de 450 à 500 cavaliers, mais leur position était d'autant plus avantageuse que nous ne pouvions apercevoir, de notre côté, que le bout de leurs canons : un mamelon dépourvu de tout obstacle et qui nous dominait en arrière du vaste plateau d'El-Kadoumah, leur servait de rempart et les mettait à l'abri de nos balles.

Ce fut le 29e chasseurs à pied qui supporta les premiers feux et les pertes les plus sérieuses. Les blessés étaient déjà nombreux dans ses rangs, lorsque l'ordre de battre en retraite lui fut donné. La 1re du 57e allait prendre sa place quand l'artillerie de montagne commença à leur lancer quelques projectiles de plus robuste dimension que les nôtres. Il se produisit en ce moment-là un trait de chevaleresque hardiesse et d'une témérité vraiment inouïe : un cavalier indigène (c'était probablement le scheick) bravant le feu de toute une brigade, parcourut trois fois, rapide comme le vent, le front de bandière de ses tirailleurs sans être atteint par une seule de nos balles. La blanche silhouette de son cheval passait comme une vision ailée au milieu des tourbillons de fumée de notre fusillade

S'ils se jouèrent des pauvres chasseurs et fantassins, il n'en fut pas de même quand ils eurent la visite de nos pièces de quatre. Une demi-heure ne s'était pas écoulée depuis que l'artillerie avait commencé le feu, que nous n'apercevions plus un seul canon ennemi.

Ce que l'arabe redoute le plus dans les armes françaises, ce sont les projectiles à mitraille ; comme il n'a pas su en faire usage jusqu'à nos jours, il attribue à un génie infernal l'invention de ces engins destructeurs.

Par mesure de prudence, on procéda à une reconnaissance sur le mamelon-Ouest. Il y avait là une soixantaine de morts et un grand nombre de blessés qui avaient été incapables de suivre le mouvement de retraite. Les fuyards étaient déjà loin ; nous venions de monter nos tentes quand nous les vîmes disparaître, pour ne plus les revoir, à travers les arbres d'une forêt lointaine, sur l'aile gauche de notre camp.

La nuit approchait quand on songea à établir un campement ; on était empêtré dans les broussailles, et lorsqu'on crut pouvoir faire la soupe, il fallut se mettre à faire des tranchées. Les brancardiers s'occupèrent du recensement des blessés, qui furent au nombre de 7 ; 4 chasseurs du 29ᵉ et 3 fantassins.

Les retranchements furent terminés bien avant dans la nuit et les avant-postes ne purent guère dormir, car on pouvait s'attendre à quelque surprise après la terrible journée du 25.

Notre séjour à El-Kadoumah se prolongea jusqu'au 29 ; le ciel daigna nous rafraîchir à souhait. La pluie fut continuelle durant les trois derniers jours *et nos biscuits ne s'en portaient que mieux.*

EL-KADIE

Nous quittions El-Kadoumah dans la matinée du 29 mai, pour aller occuper les hauteurs d'El-Kadie. Quelques reconnaissances poussées dans cette direction pendant le séjour dans le dernier camp, nous révélèrent la présence de plusieurs gourbits dans les environs.

La plupart furent incendiés dans le cours de l'étape et le plus souvent on ne se donnait même pas la peine de reconnaître l'intérieur pour s'assurer s'ils ne renfermaient pas d'êtres vivants. Couverts en chaume, notre besogne n'en devenait que plus facile......

C'est à peine si, dans les décombres, on retrouvait quelque vieux yatagan rongé par la rouille, quelques pièces de monnaie à l'effigie indéchiffrable.

Nous ne devions passer qu'une nuit à El-Kadie; nous en repartîmes dans la matinée du lendemain.

EL-MANA

L'étape du 30 mai fut une des plus rudes de notre expédition; la journée fut heureusement sombre, les pluies avaient cessé depuis la veille. On croyait camper sur un plateau dont l'ascension était des plus escarpées, mais nous avions encore devant nous deux montagnes à gravir par des sentiers rocailleux et accidentés. Il est vrai que nous étions un peu plus rompus aux fatigues, mais le trajet de ce jour ne le cédait en rien à celui de Roum-el-Souck.

La brigade s'arrêta sur le versant d'une colline où nous ne pûmes nous établir que difficilement; le siroco régnait au moment de notre arrivée et notre colonel passa dans toutes les compagnies pour inviter les hommes à se garantir contre ce terrible élément.

Le nouveau camp nous permit de perfectionner nos conditions de couchage, car nous pûmes faire grande provision de fougères, croissant en abondance aux alentours.

Nos officiers, en revanche, ne furent pas aussi contents de leur séjour à El-Mana : le pain leur fit complètement défaut et, comme nous, ils durent faire de la *Turlutine!* C'est ainsi que l'on désigne une sorte de bouillabesse qui s'obtient par la cuisson du biscuit et du riz mêlés ensemble. A la guerre comme à la guerre, et depuis Sidi-Abdallah, je vous demande un peu ce qui restait du 1/4 de pain qui nous fut alloué.... Dès lors, ce n'était plus une privation pour nous.

Le génie s'occupa de frayer quelques sentiers pour faciliter l'arrivée des convois et pour correspondre au besoin avec les autres brigades de la division.

Des cartouches pyrotechniques étaient échangées tous les soirs, à l'heure fixée par l'état-major, avec les autres campements établis sur les hauteurs avoisinantes. C'était la même incertitude, les mêmes symptômes ; les Kroumirs n'avaient laissé là aucune trace après la sanglante défaite du 25 mai.

EL-CHIR-SAGA

En quittant les hauteurs d'El-Mana nous déviâmes de la direction suivie jusque-là à travers les sombres forêts de ce maudit pays.

Nous ne revenions pas sur nos pas, mais on allait se diriger sur la gauche de manière à se rapprocher de la mer et surtout de l'île de Tabarka. On était parvenu à la plus haute altitude de ces pittoresques montagnes, il ne restait plus à fouiller maintenant que le versant occidental.

La brigade quitta El-Mana dans la matinée du 3 juin ; les côtes ne nous effrayaient plus dorénavant.

Ce fut une promenade de touristes : de verdoyantes pelouses aux gazons enchanteurs, des sources naturelles et des forêts de chênes comme on n'a n'avait pas encore rencontré... Mais pas un Kroumir.

Il se produisit un malheureux incident dans le cours de l'étape du 3 juin : la matinée avait été assez chaude, et la colonne venait de s'arrêter pour faire la grand'halte sur un magnifique plateau, où l'on eût aisément campé si la journée avait été un peu plus avancée. Un cours d'eau assez considérable longeait de ses eaux tranquilles notre pittoresque position.

Son lit se trouvant resserré dans un encaissement

d'énormes roches, ce ne fut qu'au moyen de cordes que l'on pût se procurer l'eau nécessaire pour le café.

Plusieurs de nos camarades n'ayant pas pris les précautions nécessaires pour l'attache de seaux ou des ustensiles de cuisine, les virent péniblement plonger dans les profondeurs du Styx africain. Quelques autres furent plus malheureux encore, car ayant voulu remplir leurs petits bidons à l'aide de branches d'arbres, ils payèrent chèrement les conséquences de leur maladresse. Les bidons furent emportés par le torrent et ils n'étaient pas à la veille de pouvoir les remplacer. Bien heureux encore d'éviter une punition.

La brigade ne stationna que deux jours sur les bords d'El-chir-Saga et les avant-postes ne furent pas troublés par la moindre irruption nocturne.

BOU-NOUARA

Le nouveau campement était complètement envahi par les broussailles et c'est grâce à nos outils de pionniers que nous pûmes établir un emplacement pour nos tentes. Nous nous demandions si c'était par malveillance ou dans quel but l'Arabe avait incendié les hauteurs du Bou-Nouara : tout le pays avait été la proie des flammes et il aurait fallu voir l'état de blancheur de nos pantalons de coutil après cette journée à travers les buissons carbonisés. Jamais une provision de combustible aussi saine et aussi abondante ; les feux de bivouac flamboyaient bien avant dans la nuit et les compagnies se disputaient à qui serait de grand'garde.

Nos intrépides musiciens, dont les sympathiques bordelais avaient déploré le départ, nous firent entendre, dans la solitude des forêts kroumires, quelques morceaux de leur brillant répertoire.

Il y avait une mélodie intime et un charme tout à fait ineffable dans l'exécution de ces concerts sublimes, qu'accompagnaient les ombres lugubres de la nuit.

Inquiétées dans leur repaire par ces étranges accords, plusieurs hyènes y répondirent par des hurlements aigus et plaintifs : la musique les impressionnait vivement. La curiosité l'emporta, et, subjuguées par nos musiciens, deux de ces pauvres bêtes furent victimes de leur téméraire sagacité.

OUED-BOUAZIA

Une ascension des plus pénibles marqua notre départ du Bou-Nouara que nous quittions dans la matinée du 7 juin ; nous aperçûmes la mer à plusieurs reprises dans le cours de l'étape et les dunes de sable qui s'étendaient à perte de vue. Nous n'avions plus à nous rapprocher du littoral et notre point de direction était toujours sur Tabarka.

Le nouveau campement devait rester célèbre dans les annales de l'expédition : c'est sur les bords de l'Oued-Bouazia que nous pûmes admirer le plus beau chêne qui se trouvât sur notre passage. Le tronc ne mesurait pas moins de 4 mètres 50 à la base et son écorce grisâtre s'était entrebaillée sous l'action des siècles qu'il avait vu s'écouler, impassible. Le branchage inférieur s'étendait à de grandes distances et, pliant sous le poids des années, s'était abaissé jusqu'au sol. Indigné d'une telle profanation, l'antique patriarche avait laissé dépérir ces rejetons inopportuns et leurs dépouilles gisaient inertes et desséchées.

Le colonel voulut honorer ce vétéran titannique et fit établir sa tente à l'ombre de ce géant des forêts vierges du nord africain.

L'Oued-Bouazia, rivière assez poissonneuse, nous permit la capture de quelques barbeaux qui furent trouvés excellents, malgré leur chair un peu coriace. Ce premier succès avait aiguisé nos appétits de pêcheurs et c'est avec regret que nous nous éloignions de ses bords dans la matinée du lendemain. On s'attendait à une nouvelle rencontre, qui paraissait devoir être sérieuse, puisque nous devions nous joindre à la brigade Vincendon.

BEN-MÉTIR

Les pluies qui avaient commencé au moment de notre départ tombaient de plus belle en arrivant sur la pente escarpée et abrupte de Ben-Métir. Il n'était pas loin de huit heures lorsque la colonne s'arrêta, mais les retardataires furent nombreux ce jour-là. La soupe fut mangée à neuf heures et quelle soupe, bon Dieu ! Le riz ne manquait certes pas, et l'on se fût estimé heureux si, au lieu de sucre, on avait eu seulement du sel... Mais où en trouver?

La brigade était debout dès l'aube et se dirigeait vers l'endroit désigné pour la réunion des deux colonnes : c'était une grande vallée couverte de pâturages, dominée par d'épaisses forêts de chênes-liège, et qui se prêtait admirablement à notre point de ralliement. Le corps Vincendon n'était composé que d'éléments essentiellement indigènes ; les zouaves seuls, qui, du reste, ne figurent que dans le contingent d'Afrique, comptaient au nombre de nos compatriotes.

C'était un charmant spectacle que la réunion de ces 6,000 hommes de toutes armes dans ces pittoresques solitudes dont les sonneries vibrantes des clairons et des trompettes venaient pour la première fois interrompre l'éternel silence.

La reconnaissance devait s'opérer sur l'aile droite du vaste plateau de Ben-Métir, dans des fouillis impénétrables de hautes broussailles et de cactus qui pouvaient bien servir de repaire à l'ennemi.

Deux compagnies furent déployées en tirailleurs et la région fut fouillée jusques dans ses derniers retranchements. Sachant maintenant à quoi nous en tenir sur la tactique militaire de nos belligérants, deux bataillons de renfort furent laissés en arrière de la colonne.

Le résultat nous démontra qu'on eût bien pu se dispenser de prendre tant de mesures, car c'est à peine si nos goums délogèrent 3 ou 4 arabes de leur retraite. L'un deux ne fut pas atteint par leurs balles.

Nous étions échelonnés sur la gauche d'un immense ravin dont la descente exigeait un pied vraiment montagnard ; je fus du nombre des curieux, mais nos investigations n'amenèrent pas la moindre découverte. En revanche, nous pûmes agréablement nous désaltérer dans les eaux d'une abondante fontaine au fond du val.

Après un premier mouvement de retraite, nous revenions encore sur nos pas, l'arrière-garde ayant cru entendre quelque détonation dans le lointain. La nouvelle charge ne fut pas plus fructueuse que la première : c'était notre insatiable soif d'échanger encore quelques cartouches qui nous avait fait croire à des indices purement imaginaires.... Le rassemblement général eut lieu vers les 4 heures de l'après-midi et les deux brigades se séparèrent pour ne plus se revoir : LA CAMPAGNE DES KROUMIRS ÉTAIT A PEU PRÈS TERMINÉE.

EL-GUÉMAIR

Notre séjour à Ben-Métir s'était prolongé jusqu'au 12 juin et les petites reconnaissances effectuées dans les gourbits d'alentour n'avaient pas amené de meilleurs succès. D'après les plans de l'état-major nous devions nous rapprocher d'El-Guémaïr que la brigade avait déjà occupé, mais par une direction tout opposée.

Ce fut une rude étape ; nous n'arrivâmes que fort tard au nouveau campement et les retardataires furent plus nombreux que d'habitude. Il y en eut qui dévièrent de l'itinéraire suivi par le gros de la colonne. Le caporal B..., de ma compagnie, ainsi qu'un homme de la 3ᵉ section, furent du nombre. Rendus et harassés par les épreuves de cette mémorable journée, ils furent incapables de s'orienter et de reconnaître la direction suivie par la brigade. La nuit approchant et ne sachant plus de quel côté porter leurs pas, ils roulèrent dans un profond ravin où ils durent passer la nuit. Ils devaient encore s'estimer heureux, car ils en furent quittes pour quelques légères contusions ; clopin-clopant ils s'arrachèrent le lendemain de ce noir repaire, d'où ils ne croyaient pas sortir vivants. La tribu était soumise, personne ne vint troubler leur profond sommeil.

Arrivés sur la lisière de la forêt, ils aperçurent, à leur grande satisfaction, les tentes d'un vaste campement dont ils n'étaient séparés que par quelques kilom. Ils croyaient retrouver leurs camarades, mais quel ne dût pas être leur désenchantement lorsqu'on leur apprit qu'ils venaient de rejoindre la colonne Vincendon qui les garda jusqu'à ce qu'ils eussent réparé leurs forces et que leurs contusions fussent cicatrisées.

Le camp d'El-Guémaïr n'était pas à une grande distance de l'île de Tabarka, et une deuxième étape nous eût permis de camper sur les bords de la mer. Les convois nous parvenaient maintenant en toute sûreté et l'on réclamait le *Courrier de France* à grands cris, plus de huit jours s'étant écoulés depuis la dernière distribution. Une section de chaque compagnie fut détachée pour se rendre à Tabarka où se trouvaient les magasins de l'intendance. On reçut mieux que des nouvelles : ce fut bombance sur toute la ligne, car il fut distribué une livre de pain par homme. Depuis Sidi-Abdallah on avait bien eu le temps d'en oublier le goût.

On ne peut pas vivre sans pain,
On ne peut pas non plus vivre sans la Patrie.

Quant à nous, nous combattions pour la Patrie, mais nous l'avions néanmoins défendue sans pain. Le poète des *Orientales* n'était pas pour lors dans le vrai.

La brigade stationna jusqu'au 18 juin dans les plaines d'El-Guémaïr, si on pouvait qualifier de plaine notre campement, en égard aux pentes abruptes, vrais casse-cous, qui avaient été occupées sur les montagnes de la Kroumisie. La campagne touchait à sa fin et les tribus étant à peu près soumises, au lieu de reconnaissances, l'on s'occupa d'établir sous la direction du génie, un chemin praticable pour communiquer avec Tabarka.

Le colonel, la musique du régiment ainsi que les sapeurs, avec la 2me portion de la classe 1881, nous firent leurs adieux à El-Guémaïr, eux pour aller revoir les belles côtes de notre chère France et nous pour aller défendre les intérêts nationaux dans le nord de la Régence. Ce fut une poignante séparation : dès l'aurore, les compagnies étaient rangées en ordre de bataille et les clairons venaient de faire entendre le magnanime refrain du *Drapeau*, quand le colonel Béranger, les larmes aux yeux, nous adressa ses adieux et ses plus sympathiques remerciements pour le zèle infatigable dont nous venions de faire preuve....

Quant à nous, nous étions inconsolables, nous perdions plus que nos frères, nous voyions s'éloigner de nous le noble étendard du 57e qui nous avait guidés et soutenus dans le cours de cette dernière expédition. Il faut avoir mûri sous le bouclier et la giberne pour savoir à quel point le troupier affectionne cette sublime oriflamme qui s'appelle le *Drapeau*. Un soldat sans drapeau est un matelot sans boussole.

AIN-DRAHAM

Tandis que nos camarades prenaient le sentier qui devait les conduire à Tabarka, le 3e bataillon prenait une direction opposée. Nous devions arriver à Aïn-Draham avant le soir. Nous n'avions certes pas à redouter les Kromirs, mais nous étions dominés par une tristesse intérieure en voyant ceux qui n'avaient pas plus fait que nous s'embarquer pour la France, lorsque, de notre côté, nous devions aller occuper, et Dieu sait pour combien de temps, les arides déserts de la Tunisie.

La colonne ne se composait plus maintenant que de quelques bataillons de ligne, 2 ou 3 sections d'artillerie de montagne et d'une compagnie du génie, en tout 12 ou 1,500 hommes. Les visages furent sombres et sévères dans le cours de l'étape du 18 ; il n'y avait plus cet entrain dans les rangs, plus de chansonnettes gauloises et un étranger qui nous aurait vu défiler quelques jours auparavant se serait écrié ce jour-là :

Mais ce ne sont plus les Français.....

Le campement d'Aïn-Draham avait été sensiblement transformé depuis le passage de notre brigade : quoique la pente en fût toujours aussi rapide, quelques compagnies de chasseurs, qui y stationnaient depuis plusieurs mois, avaient construit des cuisines, de petits chalets de campagne et des baraques pour MM. les officiers. On avait travaillé au captage des eaux et là où nous avions eu beaucoup de peine à nous désaltérer, un mois auparavant, se trouvait un bassin d'une construction admirable.

Nous nous préparions à visiter le nouveau camp, lorsqu'on nous apprit le fâcheux événement qui s'était produit sur la fin de cette néfaste journée.

Le soldat R... de la 3me, malade déjà à notre départ d'El-Guémaïr, s'était présenté en vain aux visites qui se passaient, d'office, à la sortie de chaque campement.

La rude étape du 18 juin fut au-dessus de ses forces : la colonne allait atteindre le but de notre dernière ascension lorsque, incapable d'aller plus loin et sans proférer la moindre plainte, il s'affaissa sur le bord du sentier pour ne plus se relever. Le corps fut chargé sur un cacolet jusqu'Aïn-Draham, où nous nous fîmes tous un religieux devoir d'accompagner à sa dernière demeure ce noble martyr du devoir.

FERNANA

Le médecin-major en chef Jacquemet n'avait pas été désigné pour l'occupation, et c'était un bien triste augure pour nous, à la veille de nous établir dans le nord de la Régence, que l'incident qui avait marqué notre arrivée à Aïn-Draham. La sévérité plus que rigide du nouveau major V... fut néanmoins signalée au rapport ; les visites furent moins rigoureuses et beaucoup se firent exempter de sac, dans l'étape du 19, qui n'auraient pas obtenu cette faveur quelques jours auparavant.

Nous n'avions passé qu'une nuit à Aïn-Draham, mais l'ascension qui marqua notre départ fut aussi terrible que celle de la veille. Il nous tardait d'arriver dans cette chère Tunisie qui nous tendait les bras, et le défilé à travers les dernières forêts du pays kroumir fut un vrai pas de charge.

Du haut de ces pittoresques montagnes, nous pûmes, encore une fois, admirer sur notre gauche et dans un horizon azuré les vagues mouvantes de la Méditerranée que sillonnaient çà-et-là les silhouettes blanchâtres de quelques bateaux-pêcheurs.

Après une descente assez longue, nous pûmes enfin laissé derrière nous ces immenses forêts qui, durant trois mois, avaient été le théâtre de nos opérations... Il était près de quatre heures de l'après-midi, lorsque la colonne s'arrêta dans les plaines de Fernana ; le bois commença à nous faire presque défaut et ce ne fut qu'avec du laurier-rose que nous parvînmes à faire du café. Nous rentrions dans une zône plus hospitalière, et un *Arbi* du voisinage eut la bonne intelligence de nous offrir le contenu d'une piètre futaille, trop piètre hélas ! pour nous qui n'avions pas bu de vin depuis plusieurs semaines!.. Les premiers bidons furent livrés à 2 francs, et quand la plupart de nos camarade furent informés de cette trouvaille inattendue, il n'en restait déjà plus. L'Arabe en eût-il demandé cent sous du litre qu'il aurait rapidement débité tout son stock ; nous avions presque tous de l'argent, mais bien difficile nous avait été jusque-là de pouvoir *utilement l'employer.*

C'est à Fernana que nous fut donné le premier et charmant spectacle d'un marché indigène. Malgré la défense qui nous avait été faite d'aller le visiter, bien rares furent ceux d'entre nous qui résistèrent à la tentation.

On se ferait difficilement une idée de la variété des produits, de la richesse des marchandises de toute sorte que présente une foire indigène. A l'instar des gourbits, chaque marchand est installé sous une petite tente au fond de laquelle il s'assied impassible. Il sourit d'un air narquois à l'approche d'un *Roumi*.

Les dates, les mandarines, les citrons, les oranges et une foule d'autres productions du pays étaient exposées dans de grands *couffins* en alfa : ce qui abondait le plus c'était les figues sèches qui se vendaient au plus bas prix. Il faut rendre cette justice aux arbis qui faisaient ordinairement partie de nos convois, que cette précieuse denrée ne nous fit pas défaut dans un seul camp.

Le lecteur doit savoir que dans tout marché indigène les femmes occupent leur emplacement et sont adjugées *au plus offrant et dernier enchérisseur*. Plusieurs d'entre nous qui jusques-là s'étaient bornés à prendre en suspicion ce déplorable trafic des mœurs musulmanes, purent s'en convaincre de *visu* : un arabe qui veut se débarrasser de sa femme, comme de ses filles, les mène en foire ainsi qu'un troupeau de moutons.

Les indigènes ont surpassé en cela la prévoyance de nos législateurs, qui s'évertuent à faire voter les lois sur le divorce et le célèbre Naquet n'aurait que faire, dans une assemblée tunisienne. Il n'est pas de commerce plus dégradant et nous ne pouvions que frémir devant la résignation de ces frêles et pâles créatures. Malheur à celle d'entr'elles qui se récriait!

La femme, aux yeux des arabes, ne jouit pas de plus grands égards qu'une esclave proprement dite. C'était révoltant de les voir s'acheminer chacun vers leurs gourbits, les hommes sur leurs roussins et le nouveau sérail marchant à leur suite. Les autres les surchargeant des plus lourds fardeaux et les menaçant de leurs matraques ainsi que des bêtes de somme.

Nous ne séjournâmes qu'une nuit à Fernana et nous ne désirions nullement en faire le point de notre occupation. Le pays était infecté de reptiles et dans les nombreux buissons de lauriers-rose qui entouraient notre position, plusieurs de ces monstrueux parasites furent immolés dans leurs gîtes. Un ruisseau bourbeux et qui s'infiltrait difficilement à travers les plantes marécageuses de la savane, dût servir à notre approvisionnement ; l'eau était des plus malsaines et nous ne pouvions que nous apitoyer sur le sort de nos camarades du 80e de ligne qui, avec un détachement de la brigade Vincendon arrivé de la veille dans le nouveau camp, étaient appelés à occuper Fernana.

RUINES ROMAINES

Depuis notre départ de Bône, c'était la première fois que le 57e continuait seul sa marche dans le pays des Kabyles et des Schott-Tigri. D'après les indications de nos guides nous pouvions arriver avant le soir à Béja, point qui nous avait été assigné à notre départ d'El-Guémaïr.

On avait compté sans les ardeurs du nouveau climat, car la journée du 20 juin ne fut guère moins éprouvante que celles qui marquèrent le début de notre rude expédition. Pour la plupart nous étions un peu plus rompus aux fatigues mais, le soleil de jour en jour plus ardent, nous faisait pressentir l'approche de la première canicule.

Les côtes avaient maintenant complètement disparu et nos étapes n'en devenaient que moins pénibles; nous allions regretter les belles forêts de chênes-liège, les limpides fontaines et les ombrages solitaires que nous venions d'abandonner.

Nous fûmes grandement frappés, dans le cours de cette journée tropicale, de la nature spéciale du terrain que nous traversions. Sur plus d'un point et principalement dans le voisinage d'anciennes constructions dont l'origine ne pouvait être que romaine, le sol résonnait avec intensité sous nos pieds. On piquait du talon et, quelque peu de régularité qu'il y eût dans la marche, il s'établissait dans les rangs une cadence des plus accentuées....

De vastes souterrains doivent avoir été creusés par la main de ces infatigables vainqueurs qui, dans leur course olympique, ont laissé partout des traces ineffaçables de leurs conquêtes et de leur génie.

Il fallut traverser, après les premières pauses, un cours d'eau assez considérable, mais d'une limpidité douteuse : ordre fut donné de n'en user que le plus sobrement possible, ce qui ne nous empêcha pas de brûler la consigne car chacun but à satiété.

Quelle que fût la bonne volonté de notre avant-garde, nos hommes n'en pouvaient plus. Le gros de la colonne s'arrêta non loin d'une antique construction romaine, dont les murs étaient encore intacts, et qui nous servit à dénommer notre campement improvisé. Pas la moindre touffe de verdure, pas le plus petit arbuste dans ces steppes arides, consumées par un ciel implacable. Ce fut une deuxième édition de l'étape du *Lac des Oiseaux* et les retardataires furent tellement nombreux, qu'un officier fut désigné pour assurer l'arrivée des traînards.

Fort heureusement une source très abondante et dont la présence nous fut révélée par le voisinage des ruines Romaines nous fit oublier les rudes épreuves de cette brûlante journée. Il n'y avait plus de grand'garde la nuit et tout le service consistait en 2 ou 3 sentinelles avancées ; mais le pays était totalement dépourvu de combustible et l'on dût, pour s'en procurer, faire des recherches qui nous permirent d'explorer quelques autres bâtiments de même origine. Deux édifices avoisinaient notre position : le plus rapproché, situé à l'est du camp, ne donnait accès dans l'enceinte par aucune de ses faces extérieures. Il ne restait plus de traces des autres dépendances de ce monument dont la toiture s'était effondrée, mais dont les murailles n'attestaient pas la moindre injure du temps.

Non loin de cette construction s'élevaient les ruines

d'un second édifice dont les décombres révélaient l'antique domination d'une puissante forteresse. Des cellules superposées, et correspondant à de grandes galeries souterraines aux voûtes sombres et étroites, formaient la disposition intérieure de la citadelle, faiblement éclairée par des meurtrières où le jour ne pouvait percer qu'avec peine.

Nous rentrions l'âme triste auprès de nos camarades qui, étonnés du prolongement de notre sortie, croyaient nous voir arriver avec le combustible nécessaire pour le besoin des cuisines. Nos recherches avaient été inutiles : impossible de faire la soupe et le café ne pût être obtenu qu'à force de paille et de tiges épineuses complètement calcinées.

Nous approchions de notre campement définif et cet espoir seul ranimait le moral abattu des plus invalides. Il était déjà tard quand on apprit qu'un mercantier était venu à notre rencontre, avec un chargement de vin et de cognac. Cela nous permit de retremper nos forces. La gaîté régnait le soir sous les tentes et les 12 kilom., qui devaient former notre dernière étape, n'étaient plus faits pour nous rebuter.

OCCUPATION DE TUNISIE
BÉJA
MOEURS ET COUTUMES

Depuis près de trois mois que le 57e était en colonne, Béjà était la première ville arabe que nous trouvions sur notre parcours. C'est à peine si, dans les étapes qui nous rapprochèrent de l'île de Tabarka, nous avions rencontré une seule habitation de construction toute française et dont nous ne nous expliquions pas la présence au milieu de ces parages solitaires.

La petite cité qui nous avait été assignée pour point d'occupation dans le Nord de la Régence nous parut réellement étrange avec ses masures basses, entrecoupées çà et là de quelques touffes de palmiers, et ses terrasses blanchâtres qui semblent la recouvrir d'un grand manteau de neige.

Un bataillon du 142e de ligne nous avait précédés sur les hauteurs qui dominent la ville de Béja et le commandant Noël nous fit les honneurs de la réception en venant à notre rencontre à la tête d'une de ses compagnies.

Béjà recèle un grand nombre de juifs dont les conditions d'existence sont en tous points supérieures à celles des Maures proprements dits. Le juif est plus industrieux que l'arabe et en général plus éclairé. Il se livre à toute sorte de commerce, pourvu qu'il soit lucratif, à moins qu'il n'ait réalisé d'assez grands bénéfices pour pouvoir vivre dans l'aisance. Les quelques petits magasins qui offrent des produits français appartiennent tous à des juifs ; leur tenue est plus convenable et leurs relations plus correctes.

La liberté des cultes est des plus illimitées en Tunisie ; le juif y exerce aussi paisiblement sa religion que dans tout autre pays.

LE RAMADAN

Le carême — le *ramadan* musulman — est la période la plus austère sinon la plus solennelle du culte mahométan. Sa durée est d'environ un mois et il faut avoir assisté à ces étranges cérémonies, pour se figurer à quel point l'arabe pousse la rigidité du fanatisme.

Le jeûne s'étend, *ne varietur*, de 3 heures du matin à 7 heures du soir : depuis notre arrivée à Béja le canon de la Kasbah était tiré tous les soirs à l'heure précise, et c'est à ce signal seulement qu'un brouhaha épouvantable se produisait dans la cité. Les tam-tam et les tambourins retentissaient à l'infini. La ville, naguère encore inanimée, prenait un air de fête et la petite terrasse crénelée qui dominait la Mosquée s'illuminait sur toutes ses faces.

C'étaient des cris, des expansions mutuelles de tous les côtés. Les chiens agrémentaient par leurs aboiements plaintifs ou irrités cet indescriptible bacchanal. Les marchands de *kaoua* (café) ouvraient seulement à ce moment et alignaient leurs petites cafetières en fer blanc devant un brasier ardent. Les *chibouques* (pipes) font partie des accessoires de l'établissement et à peine l'arabe a-t-il dégusté son kaoua que le divin narcotique, soutiré au moyen d'un immense tuyau, lui est fraternellement présenté.

Durant toute l'occupation, une section de la compagnie de service était affectée au poste de Béja-Ville ; cette circonstance seule nous permit d'assister aux offices nocturnes que comporte le *Ramadan*. Pendant le jour et jusqu'au moment prescrit par Mahomet, les arabes, vêtus de leurs gandourahs, se rendent en foule dans la Mosquée, dont les portes sont grand'ouvertes en cette occcasion seulement. Leur extérieur est aussi convenable que possible, mais cela ne les empêche point de garder autour de leur tête le large turban en mousseline. A genoux et la face contre terre, ils restent ainsi des heures entières, égrenant leur chapelet, dans une position où nous aurions beaucoup de peine à demeurer seulement quelques minutes.

Mais nous n'avions encore rien vu; la journée s'écoulait aussi paisible que la nuit devait être attrayante. Vers une heure après minuit, on entonne les cantiques et les antiennes à Mahomet. Les druides indigènes sont placés, à l'instar des prophètes, le plus près possible du royaume céleste afin que leurs prières soient entendues d'en haut. Ils sont ordinairement deux ou trois prêtres: tantôt c'est un monologue, tantôt ils se répondent alternativement, quelquefois même c'est un trio. Ce sont de ces accents, de ces langoureuses mélodies qui vous fendent l'âme ; il y avait quelque chose de triste et d'intimement lugubre dans la voix sépulcrale de ces prêtres, si je puis les dénommer ainsi. J'en fus, pour ma part, vivement impressionné et je me demandai, devant d'aussi touchantes manifestations, s'il y avait dans le personnel ecclésiastique Français — même aux plus solennelles de nos cérémonies — autant d'abnégation, autant de recueillement et cette expansion vraiment sublime et poétique qui caractérise le culte musulman.

Le Maure, qui est prosterné dans la Mosquée ou qui salue respectueusement le lever ou le coucher du soleil, ne se détournerait pas devant le plus grand des dangers; la mort le trouverait impassible.

Les suppliques à Mahomet se continuent jusqu'aux premières lueurs du jour. Les petits débits de café-noir se remplissent et, s'étendant sur de grandes nattes, à l'intérieur comme à l'extérieur, les arabes savourent nonchalamment les adorables effluves de leur dernière chibouque, en attendant le nouveau coup de canon.

Le fumer, comme l'eau, est prohibé par le Coran durant toute la durée du *Ramadan*, aux heures prescrites.

PREMIÈRE CANICULE

Le léger aperçu que nous venons de donner des mœurs et coutumes du district de l'Oued-Béja ne doit pas nous faire passer sous silence les conséquences désastreuses qui résultèrent, pour nous, des effets du nouveau climat. Sans tenir compte du défaut de combustible, le nouveau camp ne nous offrait pas le plus petit obstacle aux ardeurs de cet impitoyable firmament : pas un pan de muraille, pas seulement le plus rachitique des arbustes à plus d'un kilomètre à la ronde ! Nous étions déjà bien avant dans la canicule quand les plus investigateurs de nos camarades découvrirent dans la petite vallée qui devait plus tard être appropriée pour le tir, une saillie de rocher calcaire que le soleil dépassait vers 1 heure de l'après-midi. Ce fut d'abord le rendez-vous des privilégiés, un club de vrais carbonari ; malgré les stratagèmes mis en œuvre pour cacher l'existence de ce précieux abri, il ne tarda pas à être découvert et le *Rocher* fut bientôt le point de réunion de toutes les compagnies. On s'y rendait en foule sitôt la sonnerie de la retraite, mais l'espace protégé étant assez restreint, les derniers venus étaient obligés de s'en retourner penauds sous leurs tentes.

L'on se figurerait avec peine les cuisantes tortures endurées par le 57e et par le corps d'occupation en général, durant les ardentes périodes de la première canicule : quatre mois et demi d'une inexorable sécheresse, sans la moindre goutte de pluie, sans l'apparition d'un nuage ! Nos toiles n'opposaient qu'une infime résistance aux rayons de ce ciel torride et l'obstacle qui nous garantissait du soleil interceptant tout courant d'air, l'existence devenait quasi-impossible sous nos petites tentes. On ne savait plus où donner de la tête, et quoique bronzés par les épreuves du pays kroumir, nos hommes dépérissaient à vue d'œil. Les conditions d'entretien alimentaire laissèrent grandement à désirer dans les premiers mois de l'occupation ; le pain était régulièrement touché, mais la boucherie confiée à l'entreprise d'un accapareur Italien devint un trafic des plus révoltants. C'étaient de piètres génisses ou de rachitiques taurillons, rebut des marchés de Béja, qui servaient à approvisionner nos compagnies ; je vous demande un peu le potage qui s'obtenait de ces squelettes !

Exposée le plus souvent au soleil, la viande, touchée du matin, ne présentait plus les moindres conditions de salubrité pour la soupe du soir. Son odeur était des plus repoussantes......

L'insigne avantage que nous offrit Béjà-Camp fut l'eau. Sous ce rapport, et ce n'était pas le moins essentiel, nous pûmes nous considérer au nombre des privilégiés. Trois petites sources alimentées sans doute par le même réservoir et distancées à peine de quelques mètres, s'étaient frayé difficilement une issue à travers les entassements granitiques qui formaient les assises de notre campement haut perché.

Ceux d'entre nous qui n'avaient pu trouver de place au Rocher s'estimaient encore heureux de pouvoir se rendre à la fontaine, où l'on buvait outre-mesure. Privés sous le rapport du confortable, nos estomacs délabrés tombaient en défaillance sous les effets de la réaction. Aussi les maladies furent-elles fréquentes : l'ambulance qui ne comptait pas au-delà d'une quarantaine de fiévreux ou blessés lors de notre arrivée à Béjà, se voyait dans la nécessité d'évacuer des malades après un mois d'occupation. Des cacolets du train les dirigeaient sur l'hôpital de La Manouba.

Le traitement de l'ambulance ne présentait pas non plus tout le soin désirable; la pharmacie manquait des ingrédients indispensables en campagne et c'est avec juste raison qu'un député de la gauche, à propos des allocations multiples que nécessitait l'occupation, le reprochait à notre ex-ministre de la guerre, le général Farre.

C'est sur la partie droite de notre mamelon qu'étaient établies les grandes tentes de notre infirmerie de campagne. Quelques oliviers aux feuilles blanchâtres avaient fait choisir cet emplacement par M. Jeanmaire, notre médecin en chef; c'était l'unique protection offerte aux malades durant la première canicule.

La fourniture de literie ne pouvait pas être plus simple; un matelas et une simple couverture qui était doublée en cas d'accès de fièvre.......

Malgré l'insuffisance et la rigidité du traitement, les décès ne furent cependant pas nombreux ; le cimetière français établi en arrière de la ville et non loin du Bardo, comptait environ une vingtaine de croix indiquant le nom de nos camarades morts après les épreuves de la première période. C'est grâce aux évacuations dirigées sur La Manouba que l'on put se rendre compte du peu de mortalité à Béjà. Il n'en fût pas ainsi dans les autres camps de la brigade : Aïn-Braham, où les hommes n'avaient droit qu'à 1 litre d'eau par jour, on enregistra jusqu'à 10 décès dans les 24 heures.

Il n'y a rien de surprenant dans le chiffre des mortalités, si l'on tient compte des conditions hygiéniques qui nous favorisaient, eu égard aux privations rigoureusement imposées à la majeure partie des camps du nord de la régence. Le campement le plus éprouvé de l'occupation fut, sans contredit, celui de Mateur : il fallait l'occuper à tout prix et le brave général Saussier, notre commandant en chef, fut plus d'une fois tenté de supprimer le détachement, composé seulement de 2 compagnies. Le pays ne manquait pas d'eau, mais une eau qui était plutôt un poison qu'un désaltérant pour nos hommes.

Les contingents déjà acclimatés furent de préférence appelés à occuper le district de Mateur ; mais les tempéraments les plus robustes, les constitutions les plus fortes fléchissaient au contact des putrides émanations et des effluves contagieuses de ces terribles parages. De grands projets d'assainissement furent tentés par le génie, mais ni les conditions d'entretien ni la sollicitude persévérante de l'intendance, ne purent arrêter les progrès toujours croissants du fléau dévastateur. Au plus fort de la première canicule, les inhumations s'élevèrent (*chiffre mémorable*)... à 25, 26 et même 30 par semaine.

De grandes améliorations ont été apportées depuis, dans les moyens d'existence et sous le rapport sanitaire surtout, au campement de Mateur ; nous n'en concluons pas moins, d'après les recensements de l'ambulance des deux premières années et quelle que soit la nature des entreprises tentées, que Mateur dévorera la meilleure partie, sinon la plus précieuse, de l'effectif de l'occupation.

Au nombre des camps le plus cruellement éprouvés, nous pouvons encore citer Fernana, que nous avons déjà signalé dans les dernières étapes de l'expédition kroumire. La source malsaine, infectée d'affreux reptiles et qui ne s'écoulait que difficilement à travers des lauriers-rose, s'était desséchée peu à peu sous l'action toujours croissante de la canicule. Il avait fallu travailler au captage et, par des efforts inouïs, on n'avait obtenu qu'un liquide saumâtre et notoirement bourbeux; ainsi qu'à Aïn-Draham, les hommes durent être rationnés et tout soldat qui était surpris lavant sa chemise était puni de quinze jours de prison : ordre du commandant de Place.

Un marché arabe qui devait se tenir non loin de Souk-el-Arba (*ligne de Bône-Guelma*) nous permit de revoir nos camarades du 80ᵉ qui avaient dû fournir un détachement de leur côté. On se figurerait difficilement l'impression qu'ils firent sur nous : teints bronzés, figures austères et des barbes imposantes qui les faisait ressembler à de vénérables missionnaires revenant d'une croisade lointaine.

« Oui, c'est de ce monceau d'indigences terribles,
Que les lourds millions, étincelants, horribles,
Sèment l'or en chemin.... »

C'était vraiment pitié que de voir l'état de nos frères du 80ᵉ ; sans parler de leur linge, qu'ils n'avaient pas lavé depuis bientôt 3 mois, leurs effets d'habillements n'étaient rien moins que *cuirassés. L'escorte devait être nombreuse...* (sic).

Dès les premiers mois de l'occupation, à Béjà comme dans tous les camps nouvellement créés, l'on songea à se prémunir d'abris plus ou moins confortables pour la saison rigoureuse. Ce n'était pas le froid qu'on avait précisément à redouter, mais c'était le siroco et surtout les pluies ; après les quelques mois passés sur les montagnes kroumires, nous savions à quoi nous en tenir sur la période pluvieuse.

D'après l'ordre général, il fallait construire des baraques et cela n'était rien moins qu'embarrassant pour nous, dont la forêt la plus rapprochée était au moins à 50 kilom. de notre camp. Le bois n'étant pas indispensable pour commencer, l'on se mit à faire des briques ; l'argile ne manquait pas et tandis que les uns pétrissaient, les autres, munis de moules faits avec des planchettes ayant 25 ou 30 cent. carrés, obtenaient d'irréprochables produits qui ne le cédaient en rien aux *Briqueteries lombardes*.

L'on se demande, avec juste raison, comment nous avons pu procéder à la cuisson de notre brillante céramique dans un centre dépourvu de combustible ; avec le chauffage ne nous fallait-il pas aussi un four ?...

Sol lucet omnibus....

Pouvions-nous dédaigner le secours providentiel du grand astre qui nous offrait son concours le plus assidu et le plus actif? Exposés dès le matin à ses rayons, nos matériaux pouvaient être livrés à la construction dès le même soir. En quelques jours et par un travail soutenu, nos magasins disposaient de ressources considérables...

Autant de compagnies, autant de briqueteries, et c'était un vrai divertissement pour nous, que de voir les nomades s'arrêter sur leur parcours, pour contempler, à leur aise, les nouveaux chantiers de la petite colonie. Notre occupation n'était rien moins que servile à leurs yeux et, avec ce sourire dédaigneux et narquois qui le caractérise, l'arabe semblait se jouer de la tâche dégradante et mesquine à laquelle nous étions assujettis.

L'atelier de la 1re étant justement établi sur le chemin qui faisait communiquer le district de l'Oued-Meden avec Béja, cette circonstance nous procurait journellement des scènes souvent joviales et quelquefois saugrenues. C'était le passage des convois indigènes composés ordinairement de chameaux ou de bêtes de somme, portant : céréales, concombres, dattes, melons, figues de Barbarie et notamment la denrée justement en renom et si goûtée de la race indigène, les *pommes d'amour*. D'autres productions comme oranges, grenades, citrons et surtout les piments, faisaient l'objet d'un monopole particulier et ces convois devaient éviter la rencontre des *Roumis*, autant qu'il était possible.

Certes, ce n'était pas à tort qu'ils tâchaient de nous éviter. Nous étions ordinairement nombreux et Dieu sait si les grands couffins en alfa étaient fouillés et mis à contribution.

BARAQUEMENT

Les premiers produits de nos briqueteries tunisiennes furent destinés aux baraques de MM. les officiers ; la besogne était facile, mais avant de commencer nos travaux de construction, nous ne nous doutions guère que nous manquions du nécessaire, pour les mener à bonne fin. Nous croyions être approvisionnés pour l'érection de nos masures de compagnie et nos matériaux étaient épuisés bien avant l'achèvement des premières !

Il nous manquait d'abord de la pierre. On découvrit, non loin du campement, une carrière qui fut exploitée avec la plus grande vigueur. Grâce à cette précieuse ressource, nos maçonneries montaient à vue d'œil. Tout allait pour le mieux et nos travaux auraient été finis avant la fin septembre, si les maladies ne s'étaient abattues sur la plupart des travailleurs. On comptait par centaines, les hommes qui se présentaient, tous les matins, à la visite du médecin.

D'un autre côté, il fallait songer à couvrir nos édifices et ce n'était pas là un problème facile à résoudre car, d'après les informations les plus précises, la région boisée la plus rapprochée de notre camp, se trouvait à 45 ou 50 kilom. dans la vallée de l'Oued-Meden, au nord-est de Béja. Quinze hommes de chaque compagnie furent désignés pour s'y rendre et je fis partie de ce détachement.

L'escorte fut formée d'une section de chasseurs à cheval et un arabe affidé, qui était dans les bonnes grâces de notre commandant, nous servit seul de guide pour nous rendre à l'Oued-Meden. On jugea que l'étape ne pouvait s'effectuer dans un jour, et le premier campement fut établi à 12 kilom. de Béjà, sur les bords d'une abondante source dont l'eau, quoique limpide, n'en était pas moins pernicieuse.

Nous dormions pour la plupart quand, à notre grand étonnement, nous entendîmes la sentinelle crier : Qui vive?......... Halte-là!....... Les plus assoupis se réveillèrent en criant : Aux armes!... Eloignés comme nous l'étions de notre point d'occupation, à une heure aussi tardive et dans le voisinage de nombreux gourbits haut perchés aux alentours de notre camp improvisé, tout pouvait nous faire croire à une surprise nocturne. C'était une surprise en effet, et une surprise à laquelle nul d'entre nous n'eût jamais songé. Des arabes nous apportaient des présents! On se figurerait difficilement quelle fut la stupéfaction générale. L'arabe est très généreux dans ses largesses et les offres qu'ils nous firent eussent suffi pour tout le camp de Béjà. Les dattes, le lait, le miel, l'huile et aussi le succulent couscoussou de légendaire mémoire, tout cela nous fut confortablement servi dans des plats d'argile, aux formes évasées, le liquide dans de grandes urnes de forme antique.

Il va sans dire que nous fîmes grand honneur à ce gala improvisé. Les arabes durent rapporter dans leurs gourbits la majeure partie des victuailles. En matière d'hospitalité, l'indigène est aussi rigide que l'espagnol et le refus constitue pour lui un mépris. C'est le pays des représailles par excellence.

Nous reprîmes le lendemain le trajet interrompu la veille; nous n'avions pas loin de 40 kilom. devant nous et la journée menaçait d'être aussi tropicale que sa devancière. Il n'en fallut pas moins traverser, harassés de fatigue et trempés de sueur, deux cours d'eau assez importants qui se trouvaient sur notre parcours. En revanche, ce fut un agréable dédommagement pour nous, en arrivant sur les bords de l'Oued-Meden, de pouvoir dresser nos petites tentes à l'abri du soleil, dans un dédale de luxuriante végétation. Ces ombrages hospitaliers évoquaient en nous des souvenirs encore récents.

> Dans un coin des déserts, éperdue dans les sables,
> Comme Vénus au ciel, l'Oasis apparaît !

Les travaux commencèrent dès le lendemain. Tout allait pour le mieux, quand un incident des plus regrettables vint troubler la tranquillité de nos bûcherons.

Le spahis, chargé de notre premier courrier, fut arrêté et assailli par une bande d'indigènes armés, qui lui enlevèrent son cheval et tout ce qu'il portait. Il arriva dans le camp à moitié nu et bien avant dans la nuit. De quelle manière se seraient-ils comportés à l'égard d'un français, ces hommes qui dépouillaient ainsi un de leurs semblables ! Il n'en fût certes pas revenu la vie sauve.

Des mesures énergiques furent prises à cet effet. Informé de l'interception de notre courrier, le commandant ordonna que les nouvelles ne seraient confiées, à partir de ce jour, qu'à un convoi de quatre hommes.

Les communications s'échangèrent librement à partir de ce moment, mais un nouveau messager vint nous intimer l'ordre d'interrompre nos travaux. Notre stage devait être de quinze jours, et nous n'étions qu'au onzième ; il fallait néanmoins s'exécuter sans délai, et la petite colonie de l'Oued-Meden reprenait la direction de Béjà dès le lendemain matin.

Nous étions au plus fort de la canicule, en plein juillet, et les bûcherons détachés eurent une mémorable journée à ajouter à celles de la campagne. On avait connu la soif, elle pouvait même nous être familière, mais pour ce qui me concerne, je ne me rappelle pas d'en avoir éprouvé d'aussi cuisante durant notre exploration des forêts kroumires. Remplis de l'eau de l'Oued-Meden, nos bidons ne devaient plus voir de liquide qu'à la grand'halte, juste à l'endroit où les arabes vinrent nous offrir leurs présents.

Il était près de trois heures de l'après-midi quand nous nous arrêtâmes sur les bords d'un ruisseau presque limpide, mais dont l'eau était malsaine. On ne devait en user qu'avec mesure, mais qui eut pu nous rationner, nous qui, depuis six heures du matin, puis-je dire, avions nos bidons à sec !

Il nous fallait de l'eau, de l'eau encore pour apaiser la soif dévorante à laquelle nous étions tous en proie.

La région était complètement nue et nous ne pouvions opposer que nos petites tentes aux rayons brûlants du soleil. Ce fut seulement alors que l'on songea à se réconforter un peu ; on fit du café et ce ne fût pas commode, faute de combustible. Un marchand de Béja était venu à notre rencontre avec du cognac, des figues, dattes, tabac, etc., et Dieu sait s'il fut le bien-venu ! Le lieutenant Perrette nous ordonna de faire nos sacs, et ce ne fut qu'à neuf heures du soir que nous atteignîmes les hauteurs de Béja-Camp. Alors seulement nous apprîmes les nouveaux incidents de la veille et la cause d'ordre majeur, qui avait motivé notre rappel précipité.

LIGNE BONE — GUELMA OUED — ZARGUA

Les premiers mois de l'occupation avaient été de bonne augure pour nous et, selon toute apparence, nous ne nous serions certes pas attendus aux sanglantes péripéties qui allaient se dérouler sous nos yeux. La fusillade du Mamelon-Ouest fut le signal de la nouvelle insurrection indigène.

Sur la partie gauche de notre camp s'élevait un monticule d'une assez grande étendue et dont l'altitude était d'une centaine de mètres environ, au-dessus de notre position. On le désignait vulgairement sous le nom de *Mamelon-Ouest*. Si l'accès en eût été plus praticable et l'ascension plus facile, ce point eût été choisi de préférence à celui que nous occupions.

Malgré notre supériorité stratégique et trop confiant dans la pacification complète des tribus, le commandant n'avait même pas songé à établir un poste sur le mamelon. C'est ce dont il ne devait pas tarder à se repentir....

Après notre départ pour l'Oued-Meden, nos camarades goûtaient un repos réparateur sous les grandes tentes, dont nous venions d'être pourvus. Tout à coup, quelques heures avant le jour seulement, une détonation se fait entendre, puis deux, puis trois, et une fusillade des mieux nourries s'abat comme grêle, sur le camp profondément endormi. Les sentinelles de crier : Aux armes!... et les uns à moitié nus, les autres sans souliers, tous nos camarades se dirigent au pas de charge et baïonnette au canon, à l'assaut du Mamelon-Ouest. Tout Béja-Camp était debout et jusqu'aux malades de l'ambulance qui, plus exposés que les autres parce qu'ils étaient plus rapprochés du danger, réclamaient leurs armes pour se défendre en cas d'attaque. C'était peine inutile!.... Parvenus sur le rocailleux plateau d'où partait la fusillade et poussant leurs reconnaissances jusqu'aux gourbits d'alentour, nos camarades ne trouvèrent pas le moindre indice, pas seulement l'ombre d'un de ces hardis assaillants. Ils s'étaient sauvés à la faveur des derniers voiles de la nuit et, à en juger par la rapidité de leur disparition, on ne pouvait avoir affaire qu'à une bande de cavaliers indigènes. L'éveil était maintenant donné, il ne restait plus qu'à se prémunir contre les surprises ultérieures.

Le service de nuit devint désormais plus sévère. Les avant-postes furent doublés et en dehors des sentinelles avancées, placées aux deux versants opposés du Mamelon, il fut établi un poste composé de neuf hommes et d'un sous-officier, sur le plateau supérieur.

S'il y eut un redoublement de vigilance dans la garde nocturne, le génie de son côté, ne resta pas inactif. D'après les ordres généraux du commandant en chef de l'occupation en résidence à

Tunis, il fallait s'occuper sans retard des travaux de fortification et surtout d'assurer la sécurité des ambulances et infirmeries militaires. Les malades étaient de plus en plus nombreux et la fièvre intermittente, ce fléau pernicieux qui semble endémique au sol tunisien, faisait les plus grands ravages dans nos rangs.

De grandes tranchées furent creusées tout alentour de notre position, et d'après des bruits en circulation depuis le passage des généraux Saussier et Forgemolh dans notre camp, il était même question d'élever deux forts crénelés, qui devaient assurer la domination française dans le district de l'Oued-Béjà. Le courage ne nous faisait pas défaut et ce qui ne devait pas contribuer à ralentir notre zèle, c'est que l'insurrection semblait devoir prendre des proportions autrement sérieuses.

Le courrier de France nous parvenait régulièrement par le train de Tunis qui arrivait à deux heures en gare de Béjà; une escorte composée ordinairement de 15 hommes et d'un sergent ou d'un adjudant, était commandée à cet effet. Les nouvelles nous parvinrent sans encombre jusqu'à la mi-septembre, époque à laquelle l'adjudant R.., de la 1re compagnie, fut commandé pour ce service. Il était accompagné d'une section de la compagnie et il reprenait la route de Béjà-Camp lorsqu'au 2e kilom , à partir de la gare, il se vit contraint de rétrograder devant la fusillade d'une horde de Bédouins, bien supérieurs en nombre à son escorte. La résistance eût été inutile et, se barricadant dans l'enceinte principale de la gare, il attendit de pied ferme, tandis qu'un spahis était délégué, par une voie différente, auprès du commandant supérieur. C'était la 1re compagnie qui avait été menacée et ce fut la première qui fut mandée pour voler au secours de nos frères en danger.

L'ordre parvenu au camp à cinq heures, nous mettions sac au dos un quart d'heure après, sans plus amples préparatifs. Ce fut un vrai pas de charge; les 14 kilom. qui nous séparaient de Béjà-Gare, furent rapidement franchis, quoique nous fussions munis de tout le matériel de campagne.

Il était tout au plus sept heures quand les faisceaux furent formés aux abords de la ligne Bône-Guelma; nous croyions rentrer en lice sans coup férir, mais il n'en fut rien. Devant l'avantageuse position choisie par nos camarades, la bande indigène avait reconnu son infériorité et avait changé ses batteries.

La nuit fut des plus tranquilles et nos sentinelles ne furent pas troublées par la moindre tentative de l'ennemi. La journée du lendemain fut consacrée à la fortification de la gare au moyen de poutres, madriers, traverses et tout un arsenal de matériel que la Cie Bône-Guelma avait emmagasiné à Béja-Gare, pour les besoins de la ligne. Un tertre argileux qui s'élevait sur la partie droite de la voie fut entouré de fascines et de pièces de bois superposées, qui devaient en faire un précieux point de défense. Ce point pouvant être cerné et pris d'assaut, nous permit de le désigner sous le nom ironique de *blockhaus*.

Une seule compagnie ne parut pas suffisante pour la sécurité et le fonctionnement régulier de la ligne, et dès le même soir la 3e compagnie du 142e de ligne venait s'établir sur la partie opposée de la voie occupée par le 57e. Chaque compagnie devait stationner durant quatre jours et était relevée alternativement à deux jours d'intervalle. Cette double surveillance ne pût pas être longtemps exercée : soit que les hommes ne jouissent pas des mêmes avantages hygiéniques qu'à Béja-Camp, soit que la nature géologique du sol de la gare fut plus malsaine, les maladies devinrent fréquentes et plus contagieuses même qu'elles ne l'avaient été jusque-là. L'eau était loin de présenter les mêmes conditions de salubrité que celle que nous offrait la source du camp; ce n'est pas qu'elle nous fit défaut puisque deux rivières, l'Oued-Béja et la Medjerdah, longeaient de leurs eaux lentes et bourbeuses les abords de la ligne Bône-Guelma.

C'est avec une réelle stupéfaction qu'un enfant de la Haute-Ariège contemple ces cours d'eaux tunisiens aux méandres capricieux et sensiblement jaunâtres. L'on est à se demander si quelque orage lointain, quelque révolution atmosphérique, survenue sous une autre latitude, n'a point souillé la limpidité de ces paisibles rivières. Mais il n'était pas tombé une goutte de pluie depuis près de trois mois que nous étions en occupation, et nous savions qu'il n'en était pas tombé non plus de La Calle à Nemours.

> Du soleil qui se lève à la nuit qui commence,
> Toujours l'isolement, l'ennui et l'abandon
> Un soldat rouge au seuil, la mer à l'horizon!....

Le voisinage de ces deux rivières n'était pas sans contribuer aux diverses causes d'insalubrité qui firent de si grands ravages dans nos rangs.

Le liquide le plus potable que l'on pouvait se procurer c'était de l'eau de citerne, qui était importée de Tunis, tous les matins, au moyen de wagons-citernes. Quant à celle de la Medjerdah et de l'Oued-Béja, impossible d'en faire le moindre usage, et ce n'était qu'avec une certaine répugnance que l'on se décidait à y laver le linge. Encaissé dans un lit d'argile de plusieurs mètres de hauteur, la Mejderdah avait cela de bon qu'elle ne tarisssait pas de toute l'année ; l'Oued-Béja, au contraire, interceptait son cours aux premières ardeurs de la canicule pour ne le reprendre qu'aux pluies torrentielles de février et de mars. Cette interruption laissait subsister sur ses bords de grands lacs bordés de lauriers-roses et des marais bourbeux et empestés d'où s'exhalaient les émanations les plus malsaines. De là, les maladies qui nous éprouvèrent si cruellement.

Le quartier général décide enfin qu'une seule compagnie serait dorénavant affectée au service de la gare ; le 57e et le 142e alterneraient chacun de leur côté et se relèveraient réciproquement. Ce fut une bonne mesure au point de vue sanitaire, mais dangereuse pour la sécurité de la ligne. Des espions indigènes rôdaient journellement aux alentours. Plus d'une fois ils furent signalés par nos sentinelles et plusieurs d'entr'eux tombèrent entre nos mains. En les fouillant minutieusement on les trouvait le plus souvent porteurs de poudre, capsules, pistolets calibre arabe, et quelquefois aussi de cartouches françaises... Quel doute pouvait-on conserver alors sur leur culpabilité d'espionnage autour de notre camp ?

Nous avions fait jusqu'à trois et quatre prisonniers durant un seul séjour à la gare, mais toute notre tâche consistait à les mener devant notre commandant qui, après un interrogatoire dans lequel il se faisait assister de l'interprète du bureau arabe, les relâchait souvent et leur permettait de reprendre, tranquilles, le chemin de leur gourbit. Dans les cas de force majeure seulement et lorsque la culpabilité était bien établie, le bédouin était descendu dans un silo, pieds et poing liés, où il faisait un jeûne de vingt-quatre et quelquefois quarante-huit heures.

C'étaient là les châtiments les plus barbares infligés par le commandant supérieur à des hommes qui n'eussent pas fait grâce à un seul d'entre nous. On verra par les événements qui suivirent s'ils étaient dignes d'une telle clémence.

L'interruption de service de l'une des deux compagnies s'était à peine produite à Béja-Gare que le pillage, les incendies et les exactions les plus monstrueuses se produisirent entre La Manouba et Ghardimaou. Les garde-barrières furent assassinés ou brûlés vivants, leurs maisonnettes devinrent partout la proie des flammes. Les fils et les poteaux du télégraphe furent coupés sur plusieurs points ; on se rendait en toute hâte sur l'endroit du sinistre, on explorait les hauteurs avoisinantes, mais peine inutile. Légers, comme le vent, les chevaux indigènes avaient pris la fuite à l'approche des français.

Ces déplorables événements marquaient la première quinzaine du mois d'octobre 1881, et c'est en vain que des détachements étaient journellement envoyés sur divers points de la ligne Bône-Guelma. Nous crûmes pendant un moment qu'un frein avait été apporté par nos camarades de Testour, Oued-Zargua et Ghardimaou (noms des camps les plus rapprochés du district de Béja) à ce débordement de la vengeance tunisienne. Il n'en était rien.

Cette fois, ils s'en prirent à la ligne proprement dite et les trains durent interrompre leur marche durant près de vingt jours. Deux convois de voyageurs, l'un venant de Tunis, l'autre de Ghardimaou, déraillèrent à quelques jours d'intervalle, par suite de la déviation des rails opérée par les indigènes.

Ils firent mieux : ils tentèrent de détruire par les flammes les superbes ponts établis par la compagnie sur les circuits interminables décrits par la Medjerdah et qui font de cette rivière une véritable spirale. Mais cette entreprise fut au-dessus de leurs forces : ces travaux d'art de la compagnie Bône-Guelma sont d'une construction admirable et d'une solidité parfaite.

Nous en avons franchi de très remarquables, et ce qu'il y a de particulier, c'est qu'ils sont d'une élévation prodigieuse. Les culées de ces ponts doivent avoir été très difficiles à établir, le lit étant fangeux jusqu'à une très grande profondeur.

Les pillages et les incendies nocturnes allaient leur train et cet état de choses nous exaspérait d'autant plus que nous n'avions plus de courrier depuis déjà plusieurs jours et que les vivres de l'intendance touchaient presque à leur fin. Il avait déjà été question de diminuer la ration de vin qui nous était journellement allouée et notre situation devenait chaque jour plus précaire.

Loin de s'améliorer, la crise s'accentuait de plus en plus et la 1re compagnie était arrivée de la veille à Béja-Gare, quand on apprit le massacre si connu de l'Oued-Zargua. Nous avions eu la bonne fortune de recueillir une locomotive avec quelques wagons, au moment de l'interruption du service de la ligne; avant le jour, la machine était chauffée et la première compagnie se disposait à intervenir. Il était déjà trop tard !

Le premier coup de sifflet ne se fit entendre qu'à l'aube; le capitaine donna l'ordre de n'avancer qu'avec la plus grande réserve; deux hommes furent placés de chaque côté de notre mécanicien, les armes chargées et prêts à tout événement. Ainsi que cela est pratiqué dans la marche en colonne, une escouade fut désignée comme arrière-garde et s'établit dans la dernière voiture.

La distance qui nous séparait de l'Oued-Zargua ne devait pas exiger un grand laps de temps, malgré le peu de vitesse imprimée à la machine; nous avions une trentaine de kilom. à parcourir avant d'arriver à destination, au lieu même du massacre. Parvenus à la deuxième maisonnette à partir de Béja-Gare, le capitaine ordonna de s'arrêter précisément à l'endroit où la vallée avait le plus d'extension; des côteaux complètement nus s'élevaient sur notre gauche. Son dessein était de les explorer et de voir si l'on n'avait rien à redouter de ce côté. Cette mesure était inutile; nos investigations les plus minutieuses ne nous permirent pas d'apercevoir l'ombre d'un arabe dans les vastes parages d'alentour.

Pendant que nous reconnaissions la rive gauche, une section de la compagnie était détachée sur la partie droite de la Medjerdah pour visiter un grand Marabout sur lequel flottait l'insigne de l'ennemi : le drapeau blanc. Nos camarades ne furent pas plus heureux que nous : néanmoins, ils purent se convaincre du passage récent d'une bande de cavaliers indigènes. Une demi-heure nous avait suffi pour opérer notre reconnaissance sur les deux versants opposés de la voie, et nous remontâmes sur notre train *plus qu'omnibus.*

Le mécanicien avait reçu l'ordre d'accélérer la vitesse de la marche en présence de symptômes aussi rassurants pour nous, mais il ne nous était point réservé d'atteindre le théâtre du drame sanglant qui venait de s'accomplir.

Nous étions à peu près à la moitié de notre parcours quand, au détour d'un des nombreux circuits décrits par la voie sur cette partie de la ligne, nous aperçûmes un nouveau train venant à notre rencontre. Les avertissements d'usage échangés, chacun des mécaniciens ralentit la vapeur de son côté et la jonction s'opéra en quelques minutes après. Un spectacle navrant nous attendait ; l'escorte du convoi funèbre était composée d'un peloton du 72e de ligne qui occupait Medjez-el-Bab et c'est par eux que nous fut fait le récit détaillé des péripéties sanglantes du drame de l'Oued-Zargua. Ce n'est pas qu'ils en eussent été les témoins oculaires, mais leur rapport n'en était pas moins authentique ; ils le tenaient d'un homme d'équipe d'origine italienne qui, au moment du massacre et sans se laisser apercevoir, avait eu la bonne fortune de se réfugier dans la citerne intérieure de la gare. Tout le matériel et outillage de la compagnie avait été brisé, pillé ou réduit en cendres. De sept employés, tous d'origine italienne, qui desservaient la voie, six avaient été l'objet des plus affreuses tortures et du plus horrible des supplices : leurs cadavres, affreusement mutilés, gisaient dans une voiture destinée au transport des marchandises. Deux d'entr'eux avaient la gorge coupée jusqu'à la nuque, un autre était sans bras, d'autres sans yeux et tous étaient dépourvus de presque tous leurs membres. Ils étaient placés horizontalement dans le fond du wagon, baignant dans une mare de sang et je ne vous cache pas qu'il fallait être passé par les épreuves de la dernière campagne pour rester impassible devant un pareil tableau. La matinée était sombre, ce jour-là ; nous voyions pour la première fois, depuis l'occupation, notre horizon se borner sous le voile des vapeurs atmosphériques. Nous étions sous l'empire d'une douloureuse et profonde émotion... Et dire qu'il ne nous était pas permis de venger la mort d'un seul de ces martyrs !

Ce qui devait surpasser l'horreur des cruautés infâmes dont avaient été victimes les employés italiens, c'était le supplice réservé au chef de gare, d'origine française. Après l'incendie de la gare, toutes les matières combustibles encore à l'état incandescent furent amoncelés non loin de la citerne, et, solidement attaché, le chef de gare fut jeté vivant au milieu du bûcher flamboyant. Quand le détachement du 72e arriva sur le lieu du sinistre, le crime était consommé et les premières lueurs du jour permirent seulement de retrouver les ossements qui avaient resisté à l'action des flammes, entr'autres le crâne. Ces restes sacrés d'un de nos compatriotes furent pieusement recueillis pour être plus tard transmis à sa famille. Les cadavres mutilés des employés italiens furent inhumés non loin de l'enceinte principale de Béjà-Gare et il fut décidé, qu'appartenant à la même nationalité, ils pouvaient être ensevelis dans une fosse commune.

Une grande croix verte, ornée de quelques couronnnes, plantée sur le côté gauche de la voie, indique aujourd'hui la demeure dernière des victimes du massacre de l'Oued-Zargua.

Nous pourrions entrer dans de plus longs détails sur ce navrant épisode de l'occupation dont la presse en France s'est vivement emparée, mais qu'elle n'a qu'imparfaitement rendu ; nous préférons lui conserver, pure de toute couleur, sa forme hautement dramatique.

DERNIERS TRAVAUX

La fusillade du mamelon ouest ainsi que les récents événements qui interrompirent le fonctionnement de la ligne Bône-Guelma, ne facilitèrent pas la continuation de nos travaux. Il fallait s'y remettre sans retard, maintenant que l'insurrection semblait s'être portée sur une autre partie de la ligne. Le siroco ne devait pas tarder à souffler. On se remit à la besogne avec d'autant plus de vigueur, qu'il n'y avait plus autant de malades dans les compagnies. La fièvre semblait s'être ralentie après les épreuves des premières chaleurs.

Le baraquement de MM. les officiers, construit presque tout en brique, était à peu près terminé : le *hic* était de les couvrir et alors seulement pensa-t-on au travail des bûcherons de l'Oued-Meden. Le plan de notre commandant avait été d'opérer le transport des chênes-liège au moyen de cacolets et de convois indigènes. Mais quel temps cela demanderait-il, là distance étant de plus de cinquante kilom. et le retour devant s'effectuer par des ascensions presques continues! Les chemins étaient loin d'être praticables et il fallait être muni d'un guide pour s'orienter dans des parages aussi accidentés.

Tout cela n'était pas fait pour nous encourager.

Néanmoins, un ou deux voyages furent effectués dans l'unique but de procurer la boiserie nécessaire pour la baraque destinée à notre commandant. On ne pût pas même y pourvoir : c'est à peine si un cacolet pouvait transporter deux chétives lambourdes qui, le plus souvent, n'étaient propres à aucun usage. Il devenait donc matériellement impossible d'approvisionner le bois nécessaire avant l'achèvement de nos baraques de compagnie. Le général en chef coupa court à toutes les difficultés en nous faisant expédier, par chemin de fer, des planches de sapin de La Goulette. Dès lors il ne fallait plus des bûcherons, mais bien des maçons. En dehors des travaux de construction il fallait aussi s'occuper des ressources que pouvait nous procurer notre point d'occupation au point de vue alimentaire. Les marchés de Béjà n'étaient pas assez fréquents pour les besoins des cuisines, il n'y en avait que deux par semaine et quels marchés, encore !...

Des produits essentiellement indigènes ; dattes, concombres, figues de Barbarie, citrons et tant d'autres denrées qui ne figureraient chez nous que comme productions coloniales.

Le seul tubercule que l'on pût se procurer, et encore ne se récoltait-il pas dans la contrée, c'était la parmentière; pas un seul légume en dehors de ce produit, ni rien de tout ce qui en France, constitue le potager de famille.

C'est devant la perspective d'une occupation plus qu'indéterminée que notre commandant songea à se créer des ressources par lui-même ; il commença par demander au *Rapport* le nombre de jardiniers qu'il y avait par compagnies. Devant le front de bandière de chacune d'elles fut assigné le terrain qui devait constituer son potager et dont les bornes correspondaient aux angles de chaque baraquement. En général, c'était des pâtures, des terrains incultes. Ces jardins étant trop rapprochés du camp, on résolut d'en établir un deuxième dans une situation plus propice, plus favorable au point de vue de l'exposition et qui fut désigné à chaque compagnie sous les ombrages du Bardo. On désignait ainsi une ancienne demeure seigneuriale qui témoignait d'une puissante domination déchue et dont les vastes bâtiments s'étaient écroulés sous l'action dévastatrice des siècles. Il ne restait d'intact de l'antique résidence que les écuries aux galeries sombres et étroites et dont la disposition ne différait guère des cellules pénitentiaires de la Kasbah.

L'enceinte du Bardo était arrosée par les eaux de la fontaine qui servait à alimenter notre camp et cet insigne avantage faisait de ces ruines imposantes un séjour agréable et délicieux.

Etablis de manière à pouvoir être arrosés tous les soirs, nos potagers ne pouvaient que donner les meilleurs résultats et la nature du sol nous démontra suffisamment que nous n'étions pas les premiers à le cultiver. C'était un vrai délassement pour nous que de pouvoir nous rendre au Bardo : citronniers, palmiers, orangers, platanes avaient vigoureusement grandi sur les bords du bienfaisant cours d'eau et venaient recouvrir, comme d'un voile séculaire, l'œuvre fragile de l'homme aujourd'hui disparu.

Nos officiers établirent leur résidence au Bardo aux approches de la première canicule : seuls ils voulurent profiter de ces précieux ombrages et seulement les malades furent autorisés à aller faire leur sieste non loin de ces ruines vénérables, dans un quartier qui leur fut réservé.

Des décombres aussi grandioses ne pouvaient que renfermer de grandes richesses architecturales : on procéda à une fouille minutieuse et notre attente fut couronnée d'un plein succès. Un bassin admirable, avec pilastre, ainsi que le cintre complet d'un magnifique portail furent le fruit de nos recherches : marbre bleu avec quelques rayures blanches et d'une ciselure irréprochable, art gothique.

D'autres objets non moins précieux furent successivement découverts dans les ruines du Bardo ; c'était le même marbre, même style et d'un travail non moins exquis. Quelques brèches seulement occasionnées par la chute.

Les travaux allaient grand train et le baraquement de chaque comgagnie, en ce qui était des travaux de maçonnerie, était à peu près terminé. On allait incessamment s'occuper de les mettre à couvert, quand la température interrompit brusquement nos ouvriers. Les pluies, que l'on n'attendait que dans le cours de janvier, commencèrent en décembre d'une façon des plus intenses. Impossible de se livrer aux moindres travaux extérieurs.

L'on se demandait où l'on allait pouvoir se réfugier, car nos grandes tentes, avec double rangée de piquets, n'opposaient qu'une infime résistance à l'action de l'eau et du vent. Les plus exposées furent mises en lambeaux. Le commandant supérieur ne resta pas indifférent devant une situation qui devenait des plus critiques. Au reste, il n'en était pas autrement dans les autres camps du nord de la régence, où les travaux de construction furent totalement détruits. Il fallait prendre des mesures énergiques et le génie reçut l'ordre de s'occuper sans retard d'un baraquement où le bois entrerait comme unique élément de construction.

La quantité de sapin apportée par les cacolets indigènes était déjà considérable ; les travaux eussent pu commencer sans retard, mais il fallait avant tout attendre un atermoiement dans ce déluge de pluies vraiment torrentielles.

Les travaux pour les compagnies ne purent guère s'ouvrir avant la fin janvier 1882.

Les jalons plantés, la besogne allait d'elle-même. En moins de deux mois et avant même que les premiers feux printanniers vinssent hâter la végétation éphémère de ces arides parages, le baraquement général de Béja-Camp était à peu près terminé.

A peine celui des compagnies fut-il achevé, qu'il fallut s'occuper des travaux de l'ambulance, ainsi que du cercle de MM. les officiers ; ces constructions, qui furent réservées pour la fin, devaient être l'objet d'un soin particulier. Ni le bon choix des matériaux, ni l'habileté de la main d'œuvre, rien ne fit défaut : trois baraques, deux en bois et une en pierre, devaient former le corps de notre ambulance tunisienne.

On allait vite en besogne afin d'éviter les épreuves de la deuxième canicule : on avait compté sans le mois de mars. Il n'y eut pas de pluies, mais le violent siroco, qui se déchaîna le 21, faisait gémir les lambourdes de nos toitures. Quelques-unes furent endommagées et les planches portées à des centaines de mètres. On en fut quitte pour quelques dégradations aux armes et l'on s'estima heureux de s'en tirer sans autres accidents plus graves.

LA KASBAH. — L'ABDEL-KADER

Desinit in piscem..........

Nous ne saurions terminer notre succincte esquisse de l'occupation du 57e dans le nord de la régence sans donner un dernier aperçu sur la puissante forteresse, jadis redoutable, qui domine la ville de Béja de ses vastes flancs de granit.

La Kasbah remonte à l'ancienne domination romaine ; le visiteur stupéfait explore avec un sentiment de véritable vénération ces ruines imposantes, que l'action des temps a trouvées impassibles. Quel énergique dévouement, quel zèle infatigable et aussi quel multiple concours de forces humaines n'a-t-il pas fallu pour élever ces monuments impérissables !

A l'exception des forteresses qui dominent l'antique Tunis et les places telles que le *Kef*, *Sfax*, *Kairouan*, *Bizerte*, etc., la Kasbah de Béja-Ville peut figurer au nombre des plus redoutables fortifications établies dans le nord de la régence.

Dominant la paisible cité de toute la hauteur de ses sombres murailles, la Kasbah se trouve dans une position admirable au point de vue stratégique : écuries, magasins à fourrage et de munitions, intérieurs de campement, cuisines, cours et jusqu'aux cellules pénitentiaires, tout a trouvé place dans l'aménagement de la vaste enceinte. L'épaisseur des murs extérieurs ne mesure pas moins d'un mètre. Une magnifique terrasse domine le donjon principal d'où la vue s'étend dans un horizon très vaste ; une sentinelle l'occupe à partir de 6 heures du soir, elle est supprimée au réveil.

La particularité vraiment remarquable de cette construction colossale c'est l'eau qui, canalisée à plusieurs kilomètres de la Kasbah, dessert confortablement et par un débit quasi-régulier la puissante citadelle. Une grande citerne, située non loin de la poudrière, assure l'approvisionnement pour plusieurs mois en cas de siège et de tarissement.

Il nous faut remarquer ici que le 57ᵉ ne fut pas le premier à hisser son étendard sur le donjon de la Kasbah ; ce fut, en effet, le général Vincendon qui, dans le cours de mai 1881, s'empara du district de l'Oued-Béjà. Son détachement fut remplacé par le 142ᵉ de ligne auquel nous venions nous joindre dans le cours de juin.

Durant toute la période critique de l'insurrection tunisienne, une compagnie entière était affectée au service de la Kasbah ; son stage était de huit jours. Des rondes nocturnes étaient faites régulièrement en ville, ce qui constituait un vrai divertissement pour nous, surtout pendant la durée du fameux *Ramadan*.

Les tribus de l'Oued-Meden, de la Medjerdah, de l'Oued-Zargua et toutes celles dépendant du district de Béjà, se trouvaient à peu près pacifiées au moment de notre départ ; toutes nos opérations dans le cours de l'été 1882, se bornèrent à des reconnaissances dans les tribus environnantes pour la perception de *l'aman* (c'est ainsi qu'est désigné le tribut de guerre, en langue arabe). Plusieurs furent effectuées dans un rayon qui dépassait 50 kilomètres.

Les arabes ne nous faisaient pas désespérer de relations plus amicales ; ils étaient plus familiers avec nous et cet accueil farouche et repoussant qu'ils faisaient à un Roumi, au début de l'occupation, avait fait place à de meilleurs sentiments, sinon à *une prudente courtoisie*. Les femmes elles-mêmes perdirent l'habitude de se voiler la face devant nous, ce qui était l'indice certain d'un revirement favorable et non moins précieux pour ceux qui étaient appelés à nous succéder.

A plusieurs reprises, et notamment aux grands anniversaires du culte mahométan, des arabes du voisinage et de Béjà même, vinrent nous apporter de nombreux présents : dattes, oranges, miel, figues et raisins secs, sans excepter le traditionnel couscoussou.

Ils professent une haute estime pour les officiers supérieurs et leur passage à Béjà-Camp a toujours été marqué par une manifestation indigène. Les réjouissances du 14 Juillet furent aussi marquées par une démonstration solennelle ; les denrées tunisiennes abondèrent dans toutes les compagnies. *Impossible de leur faire les honneurs complets* (sic).

A ce propos, il est de notre devoir de signaler ici la noble émulation et la généreuse sympathie que la population bordelaise nous témoigna en cette occasion.

Après la rude exploration des montagnes kroumires, informés de la rentrée du 57e, les bordelais s'étaient grandement réjouis à la nouvelle de l'arrivée des deux bataillons et une ovation des plus brillantes nous attendait à la gare Saint-Jean. Bien amère fut la déception générale en apprenant que le contingent actif, sinon la majeure partie du détachement expéditionnaire, avait été désigné pour occuper le district de l'Oued-Béjà.

Ils ne restèrent pas insensibles devant la nouvelle situation qui nous était faite et qui ajournait notre renvoi jusqu'à la libération... peut-être ? Nous étions à la veille du 14 Juillet ; une souscription populaire fut immédiatement ouverte dans les bureaux de la presse bordelaise. Ceux qui n'y répondirent pas n'en eurent pas les moyens et la somme de cinq cent trente-trois francs et centimes se trouva réunie à cet effet dans moins de 8 jours.

L'allocation nous était aussitôt adressée et le quart mis à la disposition de chaque compagnie. Il ne nous fut point donné de porter un toast aux généreux bordelais le jour même du grand anniversaire patriotique, en raison du temps exigé par l'envoi et par la répartition de la somme envoyée. Personne, aucun officier et pas même notre commandant, n'avait songé à adresser un remerciement aux sympathiques habitants de Bordeaux.

C'est un homme de la 1re compagnie qui prit l'initiative de la courte allocution qu'on va lire, insérée par la *Petite* et la *Grande Gironde* :

Le 57e à Béjà. — Nous recevons d'un jeune soldat du 57e, cantonné à Béjà, la lettre suivante :

Les soldats du 3e bataillon du 57e de ligne aux habitants de la ville de Bordeaux.

CHERS COMPATRIOTES,

Justement touchés du généreux témoignage de votre affectueuse sympathie, les soldats du 57e, en Afrique, sont heureux de venir, par mon intermédiaire, vous adresser leur tribut de reconnaissance et l'expression de leur gratitude pour la souscription qui a trouvé de si nombreux adhérents parmi vous.

Merci, chers compatriotes, des nobles sentiments que vous professez encore pour nous et du bon souvenir que nous vous avons laissé. Il n'a été donné qu'à une partie de nos camarades, pour une raison majeure, du reste, de retourner au milieu de vous : sachez que nous ne brûlions pas moins et que nos cœurs étaient tout aussi avides de revenir au sein d'une population aussi bienveillante et aussi patriotique que la population bordelaise.

Il ne vous a pas été permis de nous prodiguer vos lauriers et vos couronnes en nous accueillant dans vos murs ; mais vous nous avez prouvé quelle avait été votre déception de ne pas voir le 57e tout entier rentrer au milieu de vous.

Merci encore de votre affectueuse générosité, et croyez en revanche à la sincère gratitude comme aux civiques sentiments qui, depuis longtemps déjà, unissent le 57e à la ville de Bordeaux.

Vivent la République et les bordelais !   V. B.

Soldat à la 1re compagnie du 3e bataillon.

Béjà, 25 août 1881.

Froissé dans son fort intérieur et voyant dans ce document une atteinte déguisée à ses propres attributions, le commandant manda auprès de lui le capitaine de la première compagnie, le sommant de lui faire connaître l'auteur de la susdite lettre. Devant l'indifférence qu'il avait gardée, et pour relever son prestige aux yeux de ses officiers, c'est le code de la discipline en main qu'il voulait récompenser l'instigateur d'une lettre dont lui-même eût dû être le signataire. Peine inutile..., les recherches de l'obligeant M. Paris n'amenèrent pas le moindre résultat. Il fut néanmoins mentionné au rapport que l'auteur de toute publication ou manuscrit adressé à la presse française, serait puni conformément aux prescriptions du code de justice militaire. C'est ainsi que se pratique le goût de l'émulation des lettres dans l'armée.

La grande préoccupation du moment, c'était le retour. A plusieurs reprises déjà et sur des indications toujours erronées, des bruits avaient couru concernant le rappel du 57e à Bordeaux. On croyait avoir quitté Béjà avant la fin de 1881, mais vain espoir !

Ce fut sur les hauteurs de Béjà-Camp que le 57e fut appelé à célébrer le 14 Juillet 1882 : l'élite des cavaliers du district de Béjà et les sportmann les plus en renom de la contrée, nous prêtèrent leur puissant concours en cette occasion.

Nous ne nous serions jamais fait une idée de la facilité d'évolution, de la chevaleresque hardiesse et de la dextérité vraiment prodigieuse de l'arabe dans l'art de l'équitation.

La cavalcade d'honneur, qui était appelée à rehausser d'un si grand éclat la nouvelle fête nationale, était composée de 7 ou 8 cavaliers porteurs de leur plus riche livrée. La somptuosité des costumes le disputait aux tons harmonieux des robes et aux superbes encolures de leurs petits chevaux, sautillant, saluant et se livrant aux exercices les plus gracieux et les plus enjoués. Le harnachement jouit d'un plus grand prestige, aux yeux de l'arabe, que sa tenue personnelle; selle, bride, sous-bride, tout est soigneusement ourlé, chamarré, l'or est prodigué jusque dans les plus petits accessoires. (*Nous avons vu des harnachements indigènes qui ne se cotaient pas au-dessous de 600 francs, valeur intrinsèque*).

Pour ce qui est de sa mise extérieure, l'arabe n'excelle ni dans la richesse de l'éclat, ni dans la recherche du luxe. Sa tenue est modeste, mais irréprochable; il a quelque chose d'antique et de patriarcal dans la stoïque attitude comme dans l'austérité extérieure de ces vétérans indigènes.

Les *tam-tam*, les tambourins venaient ajouter leurs discordantes mélodies aux sons langoureux et mélancoliques d'un troisième instrument en forme de cornemuse et d'origine hispanique.

Tandis que les uns se livraient au maniement de leur Moukala avec une agilité qui tenait vraiment du prodige, eu égard à la vitesse de leurs petits chevaux, leurs partenaires, plus rapprochés de l'orchestre, exécutaient une vraie danse macabre en musique qui ne laissait rien à désirer sous le rapport de l'exécution.

Dans nos grands manèges européens et dans le *Cirque Américain* même, qui possède une si brillante collection de la race chevaline du Nouveau-Monde, il serait difficile, et j'ose même dire impossible, d'assister à des *scenario* d'une aussi étrange facture.

La Kermesse se termina par une charge frénétique exécutée par le plus hardi des sportmann : interrompant sa course folâtre par de fréquents soubresauts et par des revirements inattendus, l'arabe ne doit pas en ressentir la moindre incommodité et conserver un équilibre imperturbable. Ce dernier exercice exige une pratique consommée de l'art de l'équitation.

D'après les progrès réalisés par nous dans la cordialité des rapports et dans les relations tout amicales qui survinrent dans le dernier période de l'occupation, la France n'a pas à désespérer de l'œuvre qu'elle s'est imposée en apportant les lumières de la civilisation dans les parages primitifs du nord de la régence. Sans venir à l'appui d'aveugles optimistes qui ne jugent des richesses et de la force d'un état que par l'extension de ses colonies, il nous faut néanmoins reconnaître que nos possessions algériennes se sont trouvées agrandies et, de ce chef, rendues à une ère de sécurité et de tranquillité intérieures. Les compagnies franches, dont la majeure partie de l'effectif est pris dans l'élément indigène, sont appelées à devenir un des plus puissants auxiliaires de la civilisation en Tunisie; des écoles, des tribunaux, des administrations enfin sont organisés, ou sont en voie de formation dans les domaines beylicaux. A toutes ces louables entreprises nous accorderons notre approbation la plus complète, car la tâche qui nous incombe, et que nous devons mener à bonne fin, est essentiellement impartiale et patriotique.

Mais après les allocations fabuleuses entraînées par l'occupation d'abord et, devant la perspective des nouvelles aggravations du budget suscitées par l'organisation civile et militaire de notre colonie naissante, il se pose un objectif pour tout citoyen soucieux de l'avenir et des intérêts nationaux. Notre cadre ne nous permet point de rentrer dans une théorie raisonnée des multiples mobiles qui ont fait occuper la Tunisie par les troupes françaises ; ce n'est pas non plus pour faire prévaloir nos appréciations personnelles que nous sommes porté à croire que la sauvegarde de la ligne *Bône-Guelma* en a été la cause principale, sinon exclusive. Pour s'en convaincre on n'a qu'à examiner la liste nominative des puissants actionnaires qui ont contribué à l'établissement de la voie et constater leurs situations respectives.

En formulant cette opinion, nous n'entendons nullement venir contester ici les nombreux avantages et l'utilité plus que pratique d'une voie ferrée ; notre but serait de rechercher les services qu'est appelée à rendre à la France la ligne Bône-Guelma d'une part, et d'autre part les ressources que pourra nous offrir dans l'avenir notre colonie tunisienne.

Pendant un intervalle de près de 20 mois d'occupation, nous nous sommes maintes fois demandé si la Compagnie Bône-Guelma parvenait seulement à couvrir ses frais d'entretien et de service. Ce qui est certain, c'est que l'arabe est encore loin de se familiariser avec la vapeur, dont il attribue la puissance à un talisman surnaturel. Bien des années doivent s'écouler avant que l'indigène des campagnes se décide à monter franchement dans un train.

Pour ce qui est de l'avenir agricole de la Tunisie, nous ne saurions guère formuler des arguments plus favorables ; le sol peut être généralement livré à la culture, mais la nature en est aride, sablonneuse. La plupart de nos plantes fourragères ne s'y développent que très difficilement et les seules cultures qui peuvent résister aux ardeurs de ce ciel inhospitalier sont le froment, l'orge et aussi la vigne dont nous avons admiré quelques plants dans les douars de la Manouba. Mais pourra-t-on assurer son complet développement sans le secours de l'irrigation ? Telle est la question que l'on ne peut manquer de se poser.

Nous pouvons donc d'ores et déjà établir que la culture de tubercules, plantes potagères et fourragères devient matériellement impossible sans le secours de canaux irrigateurs. Et comment encore établir des canaux dans un pays à peu près plat, dépourvu de fontaines et dont les quelques rivières, naturellement bourbeuses, sont encaissées dans un lit d'argile de plusieurs mètres de hauteur ?

Qu'augurer après cela des productions futures et des richesses alimentaires de notre nouvelle colonie ? Nos ingénieurs nous rassurent et prétendent que les entrailles du sol tunisien recèlent des mines inépuisables de houille, de zinc, de plomb, etc. Toutes nos espérances se bornent donc à de chimériques hypothèses!...

Une entreprise que nous devons mentionner et qui pourrait, à notre point de vue, donner les meilleurs résultats, ce serait l'exploitation des forêts de chêne de la Kroumisie, du moins dans les parages les plus accessibles ; on trouverait là une heureuse resssource pour l'approvisionnement de nos ateliers de construction maritime.

Notre appréciation sur la politique inaugurée et poursuivie par la France dans l'administration du nord de la régence sera d'autant plus brève qu'elle a toujours été une énigme pour les plus clairvoyants de nos diplomates.

On s'est demandé avec juste raison, et l'on se demande encore ce que signifie ce monogramme psychologique qui sert à qualifier la domination française en Tunisie, du nom de *Protectorat!*...

Serait-ce pour se mettre à la merci d'un soi-disant roitelet qu'on appelle Ali-Bey, que la France gaspillerait ses millions et enverrait ses enfants se calciner sur les sables brûlants de l'Afrique? Nous aimons à croire que c'est dans un tout autre but.

Après les traités du Bardo et de la Marsa, après les tentatives réitérées de notre ministre plénipotentiaire, M. Cambon, pour abolir les capitulations, nous ne saurions mieux définir cet inextricable *statu quo* que ne le faisait le *Courrier de Bône*, organe des intérêts français en Algérie et dans le nord de la régence. Voici dans quels termes il appréciait notre situation à l'égard du Bey : « On se demande quels peuvent
« être les mobiles de cette politique de faiblesse et de
« mensonge. Quand donc la comédie qui se joue
« sera-t-elle terminée ?.... M. Cambon traitant le Bey
« de prince souverain et celui-ci qualifiant la France
« de fidèle alliée, peuvent-ils se regarder **sans rire ?**
« Croient-ils un seul mot de ce qu'ils disent au
« public?......

« Si leur langage était malheureusement sincère
« et conforme à la réalité des faits, ce serait trop
« malheureux car cela prouverait que la France joue
« en Tunisie un rôle d'une extravagance inouïe.

« Se figure-t-on la République française prenant
« à sa charge l'entretien d'un roitelet africain, lui
« fournissant une armée de soldats et de fonction-
« naires, percevant les impôts pour son compte
« et veillant sur ce fétiche avec autant de soin qu'un
« brahmine de Bénarès sur la monstrueuse carrica-
« ture qui lui sert de Divinité?

« Comment se fait-il que chaque français au par-
« lement, dans la presse métropolitaine ou ailleurs,
« ne pose pas aux prétendus hommes d'Etat qui
« nous gouvernent, cette question catégorique :
« Combien de temps cette farce - là va-t-elle durer?
« Que prétendez-vous faire de la Tunisie?............»
(N° du 26 août 1883).

Il y aura bientôt un an que le judicieux reporter algérien s'exprimait dans ces termes : ils sont, croyons-nous, concis comme forme et logiques dans le fond. Nous nous dispenserons alors d'y apporter la moindre modification et l'énergique langage qu'il adressait aux membres du parlement et aux *prétendus hommes d'Etat en 1883*, nous pourrions le tenir encore aujourd'hui.

Tel est l'exposé de notre modeste jugement et de nos conclusions sur le rôle indéfinissable et presque humiliant que la France joue en Tunisie ; nous aimons à croire néanmoins, et en cela nous partageons l'opinion de l'estimable feuille algérienne, que notre occupation temporaire deviendra avant longtemps définitive.

Notre tâche de simple chroniqueur ne nous permet point de reproduire ici les fâcheux et multiples incidents qui, dans ces dernières années, ont suscité des différends graves dans nos rapports avec nos voisins transalpins ; la courtoisie ultra-léonine qu'ils nous témoignent, depuis que nous occupons le nord de la régence, ne nous laisse plus de scrupule à cet endroit et l'adage latin dès longtemps consacré se trouve d'une frappante actualité : *Caveant consules...*

Soyons colonisateurs, pacificateurs, civilisateurs, que notre étendard national flotte d'un pôle à l'autre, mais que la France soit avant tout la nation des français. Nous répéterons dans notre langue ce que nous avons déjà inscrit en tête de notre travail : *Fais ce que tu fais.*

Le 57e quittait Béjà-Camp en janvier 1883 ; nous l'avions quitté nous-mêmes deux mois avant son rappel définitif, en novembre 1882. *L'Abdel-Kader,* un magnifique transport des *Messageries marseillaises,* nous attendait en rade de la Goulette et devait nous rendre sous peu à notre mère-patrie.

FIN

L'AMBULANCE

Pièce couronnée par la Société littéraire l'ARBOUSE

Habeas corpus.....

Béjà, tel est le nom du camp d'occupation
Où devait séjourner notre cher bataillon,
Après avoir soumis les bandes indigènes
Des farouches kroumirs aux allures hautaines.
Ces tribus apaisées — non sans de grands efforts,
Il fallut des fuyards se rendre maître encor.
Harcelés, haletants, sous des cieux enflammés,
Tout le long du parcours nos hommes étaient semés.
Des hauteurs de Béjà nous pûmes voir enfin
Les côteaux blanchissants sous les feux de juin.
Nous devions regretter les forêts insondables
Des repaires kroumirs aux bordures de sable.
Ici pas un buisson, pas un rameau vivant
Pour échapper aux traits du *Mahomet* (1) brûlant.
Oh! France, il faut t'aimer pour subir ces tortures,

---

(1) Pour l'arabe Mahomet c'est le soleil.

— II —

Il faut un cœur d'acier, une âme bien plus dure
Pour vaincre du *Simoun* le contact meurtrier ! —
Sur la gauche du camp de chétifs oliviers
Grandissaient lentement sur ce tertre stérile.
A quelques pas de là, s'étendait Béjà-Ville.
Ce fut à leur abri — essoufflés et mourants
Que furent transportés nos frères chancelants.

*
* *

Etre là sur un lit et ne savoir que faire
Entendre à ses côtés les plaintes de nos frères
Toujours l'oreille au guet, c'est lui, c'est le major
Chut ! s'écrie l'infirmier, il ne vient pas encor —
Figuere-toi, lecteur, quelle belle existence
N'avoir, deux par jour, pour toute subsistance,
Qu'une portion de pain, grosse comme le doigt,
Une cuiller de soupe, de lentilles ou de pois,
Si encor un brouet à la maigre figure
Ne vient mettre le comble à la déconfiture —
Mais patientez un peu. C'est l'heure du dîner
Voici les bocks, les tasses et en maître-épicier
L'infirmier à chacun rationne le liquide
Que d'un ton magistral, mais d'une main timide
A prescrit le major en passant le matin —
Le menu d'aujourd'hui est celui de demain
Et la raison chez nous longtemps elle demeure :
Si la soupe est à l'huile la friture est au beurre —
....
Numéro trois ration de vin, six centilitres,
Les mêmes quantités, portées sur les registres,
Un peu plus, un peu moins, dans les distributions,
Sont versées à chacun, d'une grande attention —
Ne nous enviez pas les longs jours d'ambulances.
Vous respirez là-bas, sous le beau ciel de France
Et ne vous faites pas l'idée de tous nos maux.
Le major qui survient, s'écrie : bouillon, pruneaux,
Limonade tartrique et puis un vermicelle —
Toi, pauvre moribond, retourne la prunelle,
Garde toi bien surtout de t'écrier : J'ai faim,
Avant tout, de ton cœur, bannis le noir chagrin

— III —

Fièvre ou non, cher ami, saches que la patience
Pourra seule adoucir ton amère souffrance —
Tel encore nouveau croit, qu'en passant, le soir,
Le major comprendra et daignera bien voir
Que l'on crève de faim dans ces amphithéâtres.
Pour vous fortifier on vous met un emplâtre
Qui vous ronge le flanc et le jour et la nuit.
Ne faut-il pas surtout faire le moindre bruit.
La vie de l'hôpital, c'est la vie monastique !
D'un regard suppliant, d'un air mélancolique
En vain du principal et des aides-majors
Essaie-t-on d'obtenir un surcroît, ou encor
Une maigre portion d'une viande exotique
Que pour nous on prépare exprès en Amérique.
Si on t'a fait soldat, ami c'est pour souffrir,
Quel beau titre pour toi que celui de martyr !
Nos yeux peignent en vain nos cuisantes tortures,
Si vous, mères, saviez de vos progénitures
Les langueurs, les angoisses, les sombres nuits sans fin
Où notre premier cri est de dire : du pain,
Quand, chassant de la nuit, les gigantesques voiles.
Phœbus, à son Zénith, disperse les étoiles.
Ses rayons bienfaisants éblouissent nos yeux
Et tentent vainement de nous rendre joyeux.

* * *

Silence : le major, c'est la contre-visite.
Dans la salle aussitôt, la nouvelle subite
A produit plus d'effet que le coup de clairon —
— Et vous numéro un, comment allez-vous donc ?
— Major, je me sens mieux — allons donc du courage.
— A mon suivant il tient un semblable langage —
— Numéro trois, eau blanche — la quinine au suivant
Glyzine à volonté — à l'autre de l'onguent
Mercuriel ou non, en plus un cataplasme
Qui guérit de l'orchit, aussi bien que de l'asthme.
Numéro sept, du coin, squelette d'infirmier,
Qui jase tout le temps et ne peut bégayer ;
Se plaignant du poumon, se plaignant de la rate
Et croit s'être foulé, en *pionçant* l'omoplate.
Pour reconstituer ce colosse imparfait

— IV —

On proscrit la quinine et deux portions de lait ;
On lui accorde en sus le rôti de volaille
Le matin seulement. Celui-là fait ripaille !....
Direz-vous maintenant, émerveillé de voire
Un semblable rôti paraître au réfectoire ;
Assistez avant tout à l'autopsie complète
Pour être édifié sur la science discrète
Que l'infirmier acquiert dans ses distributions
Il excelle surtout dans le choix des portions.
Quelque nombreux que soient les rôtis ordonnés
Les meilleurs sont pour eux MM. les employés.
Que l'un soit d'ordinaire, l'autre à la pharmacie
Le suivant au vestiaire ou à la literie,
Le cuisinier reçoit la consigne à son tour
Et pour tant qu'il en faille, il en reste toujours.
Carême ou carnaval, chez eux point de vigile ;
S'il en faut pour cinq cents, ils en trouvent pour mille.
La consigne est : Messieurs, nous autres avant tout.
Toi, pauvre moribond, ne tenant plus debout
Considère le ciel et deviens philosophe
Si tu veux conjurer la grande catastrophe.
Ne maudis pas ton sort, si malheureux qu'il soit !
Si l'on y mange peu, à l'ambulance on boit,
Les ailes de poulet ne sont pas plus replètes
Et les os moins saillants aux maigres côtelettes......

* *

Passer avec cela les journées de juin,
Avoir hier, aujourd'hui, ce qu'on aura demain ;
Les heures sont des jours et les jours des années.
Entendre le simoun poursuivre les nuées
Et le noir Sirocko (1), terrible enfant des mers,
Emporter furibond nos fragiles couverts......
....
On vieillit de vingt ans dans un pareil régime
Gare à qui se complaît à mesurer l'abime !
Un souffle, un rien parfois terrasse les plus forts

---

(1) Sirocko, vent terrible du Sahara, auquel rien ne résiste.

— V —

Autour de nous planait ce spectre noir : LA MORT!...
....
Combien de nos amis reposent dans ces plaines
Où rôdent aujourd'hui le chacal et l'hyène....
Pleurons-les ces amis que nous aimions de cœur,
Qui ont mouillé leur pain de la même sueur.
France ce sont tes fils ! Conserve leur dépouille
Promets-nous que jamais l'indigène ne souille
La tombe vénérée de ces nobles enfants.
S'ils sont morts loin de toi, ils n'en sont que plus grands.

Août 1887.

V. B.

— FIN

Saint-Girons, Imprimerie typographique de A. RIVES

www.ingramcontent.com/pod-product-compliance
Lightning Source LLC
LaVergne TN
LVHW050557090426
835512LV00008B/1203